다락원
중한고전대역
7

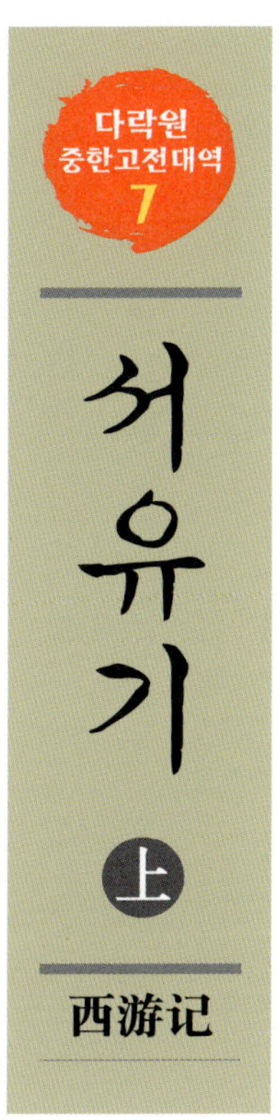

서유기

上

西游记

원작 오승은
개작 염보화
편역 김홍겸

다락원

머 리 말

　중국은 우리나라와는 다른 언어계통을 가지고 있지만 지리적으로 인접한 까닭에 역사적으로 깊은 문화적 관계를 유지하며 공존하여 왔다. 언어와 민족은 달라도 문자와 문화는 상당부분을 공유하거나 서로 교류하며 찬란한 동방문화를 일구어내던 중세 고전의 시기가 있었다. 하지만 근세 이후 급속하게 진행된 서구세력의 동진과 이데올로기에 의한 분열이라는 현대사의 불행한 시기를 지나면서 서구의 언어와 문화에 매료되고, 한때 중국어는 더할 수 없이 생소한 외국어로 전락한 적이 있었다.

　그러나 이제 중국은 우리와 가장 가까운 이웃으로 돌아왔으며 최대의 교역 상대국이 되었다. 중국을 이해하고 중국문화를 공부하는 일은 선택이 아니라 이 시대 젊은이의 필수가 되었다고도 할 수 있다. 이제 중국문화의 뿌리 깊은 원류를 이해하고 중국인의 의식구조를 근본적으로 알아내기 위해서는 유구한 역사 속에서 다져진 중국의 고전을 읽는 일이 필수적이다. 중국의 고전은 다행히도 우리에게는 비교적 익숙한 책이기도 하다. 현대 중국과 단절된 시대에도 우리는 같은 중국 고전을 읽고 즐기며 살았다. 중국 고전은 동시에 동아시아 공동의 고전이라고 할 수 있으며 어떤 의미에서는 우리의 선조들이 늘 가까이 접하며 즐기던 우리 고전의 일부라고도 감히 말할 수 있을 것이다.

　오늘날 중국 고전의 원전을 마음대로 독파할 수 있는 사람은 별로 많지 않다. 그런 의미에서 고전의 정수를 일부 골라내어 현대 중국어의 발음을 달고 번역을 붙여서 대조시킨 대역본의 간행은 이 시점에 매우 시의적절한 일이라고 본다.

　훈민정음이 창제된 이후에 많은 한문고전이 원전과 한글을 대조시켜 간행되었다. 우리의 선조들이 중국어 공부를 위해 만들어낸 『노걸대老乞大』와 『박통사朴通事』 같은 교재들도 한문원전과 대역시킨 언해본諺解本을 만들어 보다 쉽게 공부할 수 있도록 하였다. 『삼국연의三國演義』나 『수호전水滸傳』 등은 민간에서 별도의 언해본을 만들어 유통시킨 바 있으며, 특히 중국소설 최고의 명작으로 인정되는 『홍루몽紅樓夢』은 19세기 말에 조선왕실의 궁중에서 문사 수십 명을 동원하여 원전과 발음, 그리고 번역문을 동시에 수록하는 대역본을 만들어 120회 전체를 120책이라는 방대한 양의 필사본으로 만들어낸 적도 있다. '낙선재樂善齋 번역소설'로 불리는 이 문고에는 수많은 중국소설의 번역 작품이 들어있는데 그렇게 정교한 대역본으로는 『홍루몽』이 유일한 것이었다. 오늘날 대역문고의 출판보다 백여 년이나 앞서 나온 선구라고 할 수 있다.

　본 다락원 중한고전대역에는 중국고전소설의 중요한 명작을 싣고 있다. 『삼국연의』, 『홍루몽』, 『수호전』, 『서유기西遊記』, 『봉신연의封神演義』는 중국을 대표하는 명작 소설이다. 각각의 작품은 소설사에서 개별 유형의 대표작이기도 하다. 역사소설의 대표작으로서『삼국연의』, 영웅소설이나 사회소설로서의『수호전』, 인정소설 혹은 가정소설이라고도 부를 수 있는『홍루몽』, 신마소설의 대표작인『서유기』와『봉신연의』등을 통해서 독자들은 중국소설의 세계를 한눈에 조망할 수 있을 것이다.『요재지이聊齋志異』는 지괴와 전기의 다양한 환상을 그리고 있는 문언소설의 최고봉이다. 중국고전소설사에서 또 하나의 명작으로 거론되는『금병매金瓶梅』와『유림외사儒林外史』는 여기에 포함되지 못한 아쉬움이 있다. 전자의 경우 중국에서는 여전히 작품 속의 부분적인 성 묘사 내용을 문제삼아 공개적인 소개를 꺼리는 경향이 있지만, 사실 세정소설의 대표작으로서 인간의 진솔한 삶을 그리고 있어『홍루몽』의 선구를 이루는 작품이기도 하다. 후자는 전통 지식인들의 다양한 이면세계를 그려내고 있는 풍자소설의 대표작이다.

　풍부한 고전세계를 담고 있는 소설과 더불어 수천 년의 중국역사 속에서 인구에 회자하는 역사고사를 담아내고자 역사의 아버지 사마천司馬遷이 엮은『사기史記』를 실었고 또 별도로『고사성어』를 한 권으로 만들었다. 중국어 공부를 위해 만든 대역문고라는 특수성 때문에 보다 많은 작품을 포함시키지 못하고 일부 내용만 실을 수밖에 없는 아쉬움은 있지만 나름대로는 중요한 고전명저를 거의 망라했다고 할 수 있다.

　대역본을 만드는 이유는 분명하다. 독자들로 하여금 곧바로 원전의 의미를 이해할 수 있도록 편의를 제공하는 것이다. 원문은 초학자를 위하여 고전의 원문으로부터 일부 개편한 내용을 실었고 현재 중국에서 사용되는 간체자를 사용하고 있으며 한어병음이 친절하게 부기되어 있으므로 독자들은 명작의 감상과 중급 중국어의 학습이라는 두 가지 목표를 동시에 달성할 수 있을 것이다.

　본 다락원 중한고전대역의 역자들은 대부분 이 분야에서 깊이 연구한 전공자들이며 현재 학계에서 활약하는 신진 학자들이다. 각 분야의 고전명저를 소개하고 번역하는 데 손색이 없다고 본다. 필자와는 오랜 학문적 인연을 지니고 있는데다 진작부터 이러한 대역본의 출현을 고대하던 필자로서는 더욱 기쁜 마음으로 서문을 쓰는 바이다.

연홍헌(研紅軒)에서　최용철

이 작품을 읽기 전에 ...

 **작품 소개**

『서유기』는 장시간에 걸쳐 민간의 이야기꾼과 문인 등 여러 사람의 손과 입을 거치면서 점진적으로 장편소설의 형태를 지니게 되었고, 명明 중엽에 이르러 오승은吳承恩이 기존에 축적된 민간 설화와 화본에서 원본을 거쳐 잡극으로 이어지는 강창講唱문학을 집대성함으로써 신마神魔장편소설로 완성하였다.

당唐나라 태종太宗 정관貞觀 3년에 당시 26세의 진현장陳玄奬은 역사상 실크로드로 불리는 '하서회랑河西回廊'일대를 거쳐, 지금의 우즈베키스탄 남부와 아프가니스탄 그리고 파키스탄을 거쳐 인도印度에 해당하는 천축으로 들어간다. 무려 17년 동안 50여 나라를 두루 순방하면서 불교의 교리를 공부하고 불교 경전 657부를 구해 돌아온다. 그의 이러한 노력은 마침내 태종 이세민李世民을 감동시키고, 이세민의 적극적인 비호아래 현장은 645년부터 세상을 떠난 663년까지 19년간 중요한 경론經論 73부, 도합 1330권을 번역한다.

『서유기』는 현장이 타클라마칸 사막을 지나 북인도에서 대승大乘불경을 구하고 돌아온 고난의 사실만을 기본적인 틀로 삼아, 당시 민간에서 전래되던 영웅담과 신비스런 불교 설화와 도교적 설화에 허구적 상상과 재미를 가미하여 이루어졌다. 처음으로 소설의 형태를 갖춘 현장의 인도 여행담은 남송南宋 때 나온 화본話本『대당삼장취경시화大唐三藏取經詩話』로 지금까지 문헌으로 확인이 가능하며, 금金대의 원본院本과 원元대의 잡극雜劇 등으로도 각색되어 대중적으로 널리 유행하였다.

『서유기』는 기이한 불교설화와 고승의 여행담이라는 종교적 색채보다는, 손오공을 대표로 하는 사회 속 진보세력과 신불神佛을 중심으로 한 봉건체제하의 전통적 지배세력 그리고 요괴로 표현되는 탐관오리와 같은 사회적 반동세력간의 상호 의존 및 갈등을 기상천외한 상상력으로 묘사하고 있다는 점에서 그 특징을 찾을 수 있다. 특히, 현실세계의 추악함과 봉건통치계급의 타락상을 해학과 풍자로 비판하고, 천제天帝의 자리를 윤번제로 하자는 주장 등의 통쾌한 유머와 여의봉을 휘두르며 근두운을 타고 10만 8천리를 단숨에 날면서 72가지 둔갑술을 자유자재로 부리며 약자를 돕고 악한 자를 무찌르는 손오공의 영웅적 모습을 통해 독자들은 갈채와 환호를 보낸다.

오승은(吳承恩, 1500?-1582?)

중국 명明나라 효종孝宗 홍치弘治 13년(1500) 또는 17년(1504)에 태어나 신종神宗 만력萬曆 10년(1582)에 세상을 떠난 것으로 알려져 있다. 자는 여충汝忠, 호가 사양산인射陽山人이다. 원래 본적은 지금의 강소성江蘇省 북부 신회하新淮河 북안에 해당하는 연수현漣水縣 출신이었으나, 후에 산양현山陽縣, 지금의 강소성江蘇省 회안현淮安縣으로 이주한다. 그의 증조부와 조부가 학관學官을 지낸 선비 가문이었으나, 부친대에 와서는 그나마 몰락하여 소상인이 되었다고 한다.

어릴 적부터 총기가 뛰어나 학문을 두루 섭렵하고 젊은 시절에 청운의 뜻을 품어 여러 차례 과거에 응시하였으나 번번이 낙방을 거듭한 끝에, 세종世宗 가정嘉靖 23년에 중년의 나이로 성시省試에 급제하여 세공생歲貢生이 된다. 목종穆宗 융경隆慶 원년에 이르러서야 절강성浙江省 장흥현승長興縣丞으로 부임하게 되지만, 2년 후 벼슬을 그만두고 낙향한다. 그 후 형왕부荊王府의 초빙을 받아 기선紀善직을 맡기도 하지만, 평생을 가난한 선비로 지냈다.

그의 시문은 청아유려淸雅流麗하면서도 풍격이 있는 반면에, 해학성이 강한 잡기雜記로 유명하다. 평생 동안 구전된 기록과 민간설화 등의 괴이한 이야기에 각별한 흥미를 가졌는데, 이것들은 나중에 『서유기』 창작의 바탕이 되었다. 저술에는 『서유기』 이외에, 장편 서사시 「이랑수산도가二郞搜山圖歌」와 지괴志怪소설 『우정지서禹鼎志序』가 있다.

1. 손오공孫悟空

동승신주東勝神洲 오래국傲來國 화과산花果山의 돌에서 태어나 수보리조사須菩提祖師에게 도술을 배우고 일흔두 가지 변신술을 익힌다. 천궁에 가서 선도 잔치를 엉망으로 만들어놓고 도망쳐, 화과산의 원숭이 무리를 이끌고 스스로 '제천대성齊天大聖'이라 칭하며 옥황상제에게 도전한다. 현성이랑진군顯聖二郞眞君과 다투고, 나중에 석가여래釋迦如來와 내기를 하였다가 지면서 오백 년 동안 오행산五行山아래 눌려 지내는 벌을 받는다. 이후, 관음보살觀音菩薩의 안배로 서천으로 불경을 가지러 가는 삼장법사의 제자가 되어 신통력과 기지로 온갖 요괴와 마귀들을 싸워 물리치고, 여든한 가지 갖은 고난을 거치면서, 마침내 불경을 구하고 진정한 깨달음을 얻게 된다.

2. 삼장법사三藏法師

장원급제한 수재 진악陳萼의 아들이자, 승상 은개산殷開山의 외손자이다. 아버지는 부임지로 가던 중 홍강洪江의 도적들에게 피살되고, 임신 중이던 어머니는 강제로 도적의 아내가 된다. 죽은 아버지의 직위를 사칭하던 유홍劉洪의 음모를 피해, 어머니가 그를 강물에 띄워 보낸다. 다행히 금산사金山寺의 법명화상法明和尚의 도움으로 목숨을 구하고 현장玄奘이라는 법명을 얻게 된다. 이후 불가의 수양에 뜻을 두고 수행하다가 관음보살의 배려로 불경을 찾아 서천으로 떠나도록 선발된다. 당 태종太宗이 그에게 삼장이라는 법명을 준다.

3. 저팔계猪八戒

본래 하늘의 천봉원수天蓬元帥였으나, 선도 잔치에서 항아嫦娥를 희롱한 죄로 인간 세상으로 내쫓긴다. 어미의 태를 잘못 들어가 돼지의 모습으로 태어나지만, 서른여섯 가지 술법을 부리고, 아홉 날 쇠스랑을 무기로 쓴다. 오사장국烏斯藏國 고로장高老莊에서 데릴사위로 지내면서 악행을 저지르다가, 손오공을 만나 싸우다가 복릉산福陵山 운잔동雲棧洞으로 도망친다. 하지만 곧 굴복하고 삼장법사의 제자가 되어 서천으로의 여행길에 동행하게 된다.

4. 사오정沙悟淨

본래 하늘의 권렴대장군捲簾大將軍이었으나, 선도 잔치에서 실수로 옥파리玉玻璃를 깨뜨리는 바람에 인간 세상으로 내쫓긴다. 유사하流沙河에서 요괴 노릇을 하며 지내다가 관음보살에 의해 삼장법사의 제자로 안배된다. 훗날 유사하를 건너려던 삼장법사 일행을 몰라보고 손오공과 저팔계를 상대로 싸우지만, 관음보살이 자신의 큰 제자인 목차木叉 혜안惠岸을 보내 오해를 풀어주어, 결국 자신의 잘못을 뉘우치고 삼장법사의 세 번째 제자가 된다. 무기로는 항요장降妖杖을 쓴다.

5. 황포요괴黄袍怪

본래 하늘나라 이십팔수二十八宿 가운데 하나인 규목랑奎木郞으로, 선녀와 사랑에 빠져 함께 인간 세상으로 내려온다. 옛날 하늘나라에서 같이 사랑을 나누다가 인간 세상으로 내려와 보상국寶象國의 공주인 백화수百花羞로 태어난 선녀를 납치하여 아내로 삼고, 완자산碗子山 파월동波月洞에서 요괴노릇을 한다. 길을 잃고 찾아온 삼장법사를 잡아먹으려 하다가, 전생의 일을 기억하지 못하는 아내의 부탁으로 삼장법사 일행을 풀어주지만, 아내가 부친에게 몰래 편지를 전하면서 일이 복잡하게 얽혀 결국에 가서는 손오공과 다투게 된다.

6. 탁탑천왕托塔天王

사천왕 가운데 하나로, 석가여래가 하사한 탑을 항상 손에 받치고 있다. 이름이 이정李靖이기 때문에 이천왕李天王이라고도 불린다. 손오공이 하늘나라에 대항하여 반기를 들었을 때 옥황상제로부터 항마대원수降魔大元帥로 임명되어, 자신의 셋째 아들 나타哪吒와 함께 화과산으로 토벌에 나선다. 보타락가산普陀落伽山에서 관음보살을 시중하면서 수도하는 혜안惠岸행자 목차木叉가 그의 둘째 아들이다.

7. 현성이랑신顯聖二郎神

옥황상제의 조카인 현성이랑진군顯聖二郎眞君을 가리킨다. 그는 매산형제梅山兄弟를 비롯해서 천이백 명의 작은 신들을 거느리고 관강灌江 어귀의 사당에서 인간들의 제사를 받아먹으며 살다가, 옥황상제의 명으로 손오공 토벌에 참여한다. 손오공과 신통력을 다투다가 태상노군太上老君의 도움으로 겨우 손오공을 붙잡아 하늘나라로 압송한다.

8. 나찰녀羅刹女

우마왕의 아내이자 홍해아紅孩兒의 어머니로서, 취운산翠雲山 파초동芭蕉洞에 살면서 파초선芭蕉扇으로 화염산火焰山의 불길을 다스려주며 그곳 백성들을 착취하고 있는 까닭에 쇠부채 공주鐵扇仙라 불린다. 화염산의 불길로 인해 길이 막힌 손오공이 파초선을 빌리러 가자, 손오공이 홍해아를 해친 것으로 여기고 파초선을 내주지 않고 오히려 손오공에게 복수를 하려 든다. 손오공은 술법을 써서 그녀의 뱃속으로 들어가 굴복시키고 파초선을 빼앗지만, 그녀는 속임수를 부려 가짜 부채를 내준다.

9. 우마왕牛魔王

손오공이 화과산 수렴동에 있을 때 의형제를 맺었던 요괴로, 자칭 평천대성平天大聖이라 했다. 나찰녀와 부부로 살다가, 나중에 적뇌산積雷山 마운동摩雲洞에서 옥면공주玉面公主를 둘째 부인으로 삼아 살면서, 대력마왕大力魔王이라고 불리게 된다. 손오공이 나찰녀에게 파초선을 빌리기 위해 그에게 도움을 청하지만, 그는 오히려 손오공의 무례함을 탓하며 도움을 거절하고 싸우게 된다. 손오공이 그의 모습으로 둔갑하여 나찰녀를 속이고 파초선을 훔쳐내자, 본인은 저팔계로 둔갑하여 속이고 같이 싸우게 된다. 혼철곤混鐵棍을 무기로 사용한다.

10. 백골부인白骨夫人

백호령白虎嶺에 사는 요괴이다. 삼장법사를 잡아먹기 위해 세 차례나 둔갑술로 삼장법사와 저팔계 그리고 사오정을 속이지만, 모두 손오공에게 발각된다. 이 요괴는 손오공이 여의봉으로 때리자 얼른 가짜 시체를 남기고 도망치는 해시법解尸法을 부린다. 이를 알 리 없는 삼장법사는 저팔계의 부추김을 받아 손오공의 잔인함을 야단치며 그를 내쫓는다.

차 례

引子

长篇小说《西游记》是由明代作家吴承恩汇集
Chángpiān xiǎoshuō 《Xīyóujì》 shì yóu míngdài zuòjiā Wú Chéng'ēn huìjí

民间神话传说创作而成的，讲的是孙悟空大闹天宫
mínjiān shénhuà chuánshuō chuàngzuò ér chéng de, jiǎng de shì Sūn wùkōng dànào tiāngōng

之后，保唐僧西天取经的故事。悟空本是花果猴王因
zhīhòu, bǎo tángsēng Xītiān qǔjīng de gùshì. Wùkōng běnshì Huāguǒ hóuwáng yīn

玉皇大帝待他不公，便闯上天庭，大闹天宫。他盗
Yùhuáng Dàdì dài tā bù gōng, biàn chuǎngshàng tiāntíng, dànào tiāngōng. tā dào

御酒，偷仙丹，大闹蟠桃会；斗哪吒，战杨戬，杀退
yùjiǔ, tōu xiāndān, dànào pántáohuì ; dòu Nézhā, zhàn Yángjiǎn, shātuì

天兵天将，搅得天宫不得安宁。后来如来佛祖降伏
tiānbīng tiānjiàng, jiǎo de tiāngōng bùdé ānníng. Hòulái Rúlái fózǔ xiángfú

了孙悟空，把他压在五行山下。东土大唐和尚唐三
le Sūn Wùkōng, bǎ tā yāzài Wǔxíngshān xià. Dōngtǔ dàtáng héshang Tángsān-

藏去西天取经，在观音菩萨的指点下，救出孙悟空。
zàng qù xītiān qǔjīng, zài Guānyīnpúsà de zhǐdiǎn xià, jiùchū Sūn Wùkōng.

悟空皈依佛门，与猪八戒、沙僧一起，保护着唐僧去西
Wùkōng guīyī fómén, yǔ Zhūbājiè、Shāsēng yìqǐ, bǎohù zhe Tángsēng qù xī-

天取经。一路上历尽千辛万苦，战胜了种种妖魔鬼
tiān qǔjīng. Yílù shang lìjìn qiān xīn wàn kǔ, zhànshèng le zhǒngzhǒng yāo mó guǐ

怪，经过九九八十一难，终于取得真经，修成正果。
guài, jīngguò jiǔ jiǔ bā shí yí nàn, zhōngyú qǔdé zhēnjīng, xiūchéng zhèngguǒ.

들어가는 말

　장편소설『서유기』는 명나라 작가 오승은이 민간의 신화 전설을 한데 모아 창작하여 완성한 것이다. 줄거리는 손오공이 천궁을 매우 소란스럽게 만든 후, 삼장법사를 보필하여 서천으로 불경을 구하러 간다는 이야기이다. 오공은 원래 화과산에 사는 원숭이들의 왕으로 옥황상제가 그를 불공평하게 대하자, 바로 하늘에 뛰어올라가 천궁을 매우 소란스럽게 한다. 그는 옥황상제의 술을 도둑질하고 선약을 훔치며, 선도 잔치를 매우 엉망으로 만든다. 그는 나타와 싸우고, 양전과 전쟁하며, 천병과 천군의 장수를 격퇴시켜 천궁을 평안하지 못하게 방해한다. 나중에 석가여래가 손오공을 굴복시켜, 그를 오행산 아래에 가두어 놓는다. 동방에 있는 당나라 스님인 당삼장이 서천으로 불경을 구하러 가면서, 관음보살의 지시대로 손오공을 구해낸다. 오공은 불문에 귀의하여 저팔계, 사오정과 함께 삼장법사를 보필하며 서천으로 불경을 구하러 간다. 여정 내내 갖은 고생을 다 겪지만, 갖가지 요괴와 마귀들을 싸워 이기고 여든한 가지 갖은 고난을 거치면서, 마침내 불경을 구하고 진정한 깨달음을 얻게 된다.

汇集 huìjí 모으다　┃　创作 chuàngzuò 창작하다　┃　大闹 dànào 소란을 피우다, 몹시 떠들어대다　┃　闯 chuǎng (갑자기) 뛰어들다　┃　天庭 tiāntíng 하늘　┃　盗 dào 도둑질하다　┃　御酒 yùjiǔ 옥황상제의 술　┃　仙丹 xiāndān 선단(신화 · 전설에 나오는 불로장생 한다는 양약)　┃　杀退 shātuì 격퇴시키다　┃　搅 jiǎo 방해하다　┃　安宁 ānníng (소요가 없이) 평안하다　┃　如来 Rúlái 여래 (부처의 존칭)　┃　佛祖 fózǔ 불교의 시조, 석가모니　┃　降伏 xiángfú 굴복시키다　┃　指点 zhǐdiǎn 지시하다　┃　皈依 guīyī 귀의하다 (불교용어)　┃　历尽 lìjìn 두루 다 경험하다(겪다)　┃　千辛万苦 qiān xīn wàn kǔ 온갖 노고　┃　战胜 zhànshèng 싸워 이기다　┃　妖魔鬼怪 yāo mó guǐ guài 요괴와 마귀　┃　真经 zhēnjīng 옛날 도교의 경전, 여기서는 '불경'을 지칭

美猴王出世

相传很久以前，在海外有一个傲来国，傲来国
Xiāngchuán hěn jiǔ yǐqián, zài hǎiwài yǒu yí ge Àoláiguó, Àoláiguó

有一座名山，叫花果山。花果山满山青松翠柏，奇
yǒu yí zuò míngshān, jiào Huāguǒshān. Huāguǒshān mǎn shān qīngsōng cuì bǎi, qí-

花异果，清泉瀑布，仙气缭绕。在山顶上，耸立着
huā yì guǒ, qīngquán pùbù, xiān qì liáorào. Zài shāndǐng shang, sǒnglì zhe

一块仙石，有三丈六尺五寸高，两丈四尺方圆。自
yí kuài xiān shí, yǒu sān zhàng liù chǐ wǔ cùn gāo, liǎng zhàng sì chǐ fāngyuán. Zì

盘古开天地[1]以来，这块仙石感受了日月的精华，有
Pángǔ kāi tiāndì yǐlái, zhè kuài xiān shí gǎnshòu le rìyuè de jīnghuá, yǒu

了灵气。忽然有一天，震天动地一声巨响，仙石迸
le língqì. Hūrán yǒu yì tiān, zhèn tiān dòng dì yì shēng jùxiǎng, xiān shí bèng-

裂，蹦出一个圆球形的石球。这个石球晶莹洁白，
liè, bèngchū yí ge yuánqiúxíng de shí qiú. Zhè ge shí qiú jīngyíng jiébái,

清风一吹，就地滚了三个滚儿，变成了一个石猴。
qīngfēng yì chuī, jiùdì gǔn le sān ge gǔnr, biànchéng le yí ge shí hóu.

1 盘古开天地：반고는 중국 상고 시대 천지만물의 시조라 일컬어지는 전설 속의 인
물이다. 신화에는 반고가 임종하면서 그 몸이 변하여 숨결은 바람과 구름이 되고,
목소리는 뇌성벽력이 되며, 왼쪽 눈은 태양이 되고 오른쪽 눈은 달이 되며, 혈액
은 강물이 되고 근육은 대지의 농토가 되었다고 한다.

미후왕의 탄생

    아주 오래 전, 바다 저편에 오래국이라는 나라가 있고, 오래국에는 화과산이라 불리는 유명한 산이 하나 있다고 전해진다. 화과산은 산 전체가 푸른 소나무와 청록 측백나무, 그리고 기이한 꽃과 이상한 과일로 가득하고, 맑은 샘물과 폭포가 흘러 신비한 기운이 감돌았다. 산꼭대기에는 신비로운 바위 하나가 우뚝 솟아 있는데, 높이가 세 길 여섯 척 다섯 치나 되고, 둘레는 두 길 넉 척이나 되었다. 반고가 하늘과 땅을 연 이래, 이 신비한 돌은 해와 달의 광채를 받고 영험한 기운을 가지게 되었다. 그러던 어느 날 갑자기, 하늘을 진동시키고 땅을 뒤흔드는 커다란 소리가 울리더니, 신비한 바위가 쪼개지고, 둥근 공 모양의 돌덩어리 하나가 튀어나왔다. 이 돌덩어리는 영롱한 빛을 띤 새하얀 색이었는데, 맑고 신선한 바람이 한 번 불자, 그 자리에서 세 차례 구르더니 돌 원숭이 한 마리로 변하였다.

相传 xiāngchuán ~라고 전해오다 ┃ **翠** cuì 청록색 ┃ **柏** bǎi 측백나무 ┃ **缭绕** liáorào 피어오르다, 감돌다 ┃ **耸立** sǒnglì 우뚝(높이) 솟다 ┃ **丈** zhàng 길 (어른의 키), 3.33미터 ┃ **尺** chǐ 척, 1미터의 1/3, '一寸'의 10배 ┃ **寸** cūn 치, 촌 ┃ **方圆** fāngyuán 둘레, 사방 ┃ **精华** jīnghuá 광채 ┃ **灵气** língqì 영험한 기운 ┃ **震天动地** zhèn tiān dòng dì 하늘을 진동시키고 땅을 놀라게 하다; 소리나 위세가 대단하여 세상을 몹시 놀라게 하다 ┃ **迸裂** bèngliè 쪼개지다 ┃ **蹦** bèng 뛰다, 뛰어오르다 ┃ **晶莹** jīngyíng 반짝반짝 빛나다, 영롱하다 ┃ **洁白** jiébái 새하얗다 ┃ **就地** jiùdì 그 자리에서, 현장에서 ┃ **滚** gǔn 구르다, 뒹굴다

那石猴动作十分敏捷，头脑十分聪明。他饿了
Nà shí hóu dòngzuò shífēn mǐnjié, tóunǎo shífēn cōngmíng. Tā è le

就吃山花野果，渴了就喝山间泉水，白天自由自在
jiù chī shānhuā yěguǒ, kě le jiù hē shānjiān quánshuǐ, báitiān zì yóu zì zài

地攀岩爬树玩耍，夜晚和猴子们一起住在石洞里。
de pān yán pá shù wánshuǎ, yèwǎn hé hóuzimen yìqǐ zhùzài shídòng li.

这一天，阳光灿烂，天气炎热。那石猴和群猴
Zhè yì tiān, yángguāng cànlàn, tiānqì yánrè. Nà shí hóu hé qún hóu

在树阴底下乘凉，然后跳进溪水里洗澡。玩了一
zài shùyīn dǐxià chéngliáng, ránhòu tiàojìn xīshuǐ li xǐzǎo. Wán le yí-

会儿，有一个猴子说："不知道这溪水是从哪儿来
huìr, yǒu yí ge hóuzi shuō : "Bù zhīdào zhè xīshuǐ shì cóng nǎr lái

的，我们不妨去找找源头。"猴子们顺着溪流往上
de, wǒmen bùfáng qù zhǎozhǎo yuántóu." Hóuzimen shùn zhe xīliú wǎng shàng

爬去，最后来到一个瀑布前面。只见那瀑布从绝壁
pá qù, zuìhòu láidào yí ge pùbù qiánmiàn. Zhǐjiàn nà pùbù cóng juébì

上倾泻而下，溅起一片水雾浪花，十分壮观。猴子
shang qīngxiè ér xià, jiàn qǐ yí piàn shuǐwù lànghuā, shífēn zhuàngguān. Hóuzi-

们拍手称赞："好水！好水！"
men pāishǒu chēngzàn : "Hǎo shuǐ! Hǎo shuǐ!"

有一只老猴子用手指着瀑布说："哪一个有本
Yǒu yì zhī lǎo hóuzi yòng shǒu zhǐ zhe pùbù shuō : "Nǎ yí ge yǒu běn-

事的，能从这里钻进去，不伤着身体，我们就拜他
shì de, néng cóng zhèlǐ zuān jìnqù, bù shāngzháo shēntǐ, wǒmen jiù bài tā

为王。"老猴连喊了三遍，没人应声。
wéi wáng." Lǎo hóu lián hǎn le sān biàn, méi rén yìngshēng.

　그 돌 원숭이는 동작이 매우 민첩하고, 머리도 굉장히 영리했다. 그는 배가 고프면 산의 꽃과 들의 과일을 먹었고, 목이 마르면 산 속의 샘물을 마셨다. 낮에는 마음껏 바위에 오르고 나무를 타고 놀았으며, 밤이 되면 다른 원숭이들과 함께 바위 동굴 안에 머물렀다.

　이 날은 햇빛이 눈부시고 날씨는 무더웠다. 그 돌 원숭이와 원숭이 무리는 나무 그늘 아래에서 서늘한 바람을 쐬다가, 나중에는 시냇물에 뛰어 들어가서 멱을 감았다. 잠시 놀다가, 원숭이 하나가 "이 시냇물은 어디에서 오는 것인지 모르겠네. 우리가 그 시작하는 곳을 한번 찾아가보는 것도 괜찮을 거야"라고 말했다. 원숭이들은 시내를 따라 위로 거슬러 기어올라 갔고, 결국은 한 폭포 앞에 다다랐다. 얼핏 보니, 그 폭포는 절벽에서 흘러내려, 물안개와 물보라가 튀어 오르는 것이 장관을 이루었다. 원숭이들은 손뼉을 치며 "멋진 폭포수군! 멋진 폭포수다!"라고 칭찬을 하였다.

　원로 원숭이 하나가 손으로 폭포를 가리키며 말했다. "누구든 능력 있는 자가, 여기서 뚫고 들어가 몸이 다치지 않는다면, 우리가 그를 왕으로 섬기도록 합시다." 원로 원숭이가 연이어 세 번이나 소리쳤지만, 어느 누구 하나 대답하지 않았다.

敏捷 mǐnjié 민첩하다 ｜ 自由自在 zì yóu zì zài 조금도 제한이나 속박이 없는 상태 ｜ 攀 pān (무엇을 잡고) 기어오르다 ｜ 玩耍 wánshuǎ 놀다, 장난하다 ｜ 灿烂 cànlàn 눈부시게 현란하다 ｜ 炎热 yánrè (날씨가) 무덥다, 찌는 듯하다 ｜ 乘凉 chéngliáng 서늘한 바람을 쐬다 ｜ 不妨 bùfáng 괜찮다, 무방하다 ｜ 源头 yuántóu 시작하는 곳, 발원지 ｜ 溪流 xīliú 산골짜기를 흐르는 시내 ｜ 只见 zhǐjiàn 문득 보다, 얼핏 보다 ｜ 绝壁 juébì 절벽 ｜ 倾泻 qīngxiè 흘러내리다, 쏟아져 내리다 ｜ 溅 jiàn (물방울·흙탕물 따위가) 튀다 ｜ 浪花 lànghuā 물보라 ｜ 本事 běnshì 능력, 수완 ｜ 钻 zuān (뚫고) 들어가다 ｜ 伤着 shāngzháo 다치다 ｜ 应声 yìngshēng 대답하다

忽然，那个石猴从草丛里跳了出来，叫道："我
Hūrán, Nà ge shí hóu cóng cǎocóng li tiào le chūlái, jiào dào : "Wǒ

进去！我进去！"那石猴紧闭双眼纵身跳进瀑布中。
jìnqù! Wǒ jìnqù!" Nà shí hóu jǐnbì shuāng yǎn zòngshēn tiàojìn pùbù zhōng.

他睁开眼睛一看，原来里面并没有水，只见一架铁
Tā zhèngkāi yǎnjing yí kàn, yuánlái lǐmiàn bìng méiyǒu shuǐ, zhǐjiàn yí jià tiě-

板桥横在前面，走过铁板桥是一个山洞，洞口镌刻
bǎnqiáo héngzài qiánmiàn, zǒu guò tiěbǎnqiáo shì yí ge shāndòng, dòngkǒu juānkè

着十个大字："花果山福地，水帘洞洞天[2]"。
zhe shí ge dàzì : "Huāguǒshān fú dì, Shuǐliándòng dòng tiān."

갑자기 그 돌 원숭이가 풀숲에서 뛰어나오며 "내가 들어가지! 내가 들어가!"라
고 소리쳤다. 그 돌 원숭이는 두 눈을 질끈 감고, 몸을 훌쩍 날려 폭포 속으로 뛰
어 들어갔다. 그가 눈을 떠 보니, 안에는 물이 하나도 없고, 단지 철판교 하나가
앞쪽에 가로놓여 있는 것이 보였다. 철판교를 지나니 동굴이 하나 있었는데, 동굴
입구에는 '화과산 복지 수렴동 동천'이라는 열 개의 큰 글자가 새겨져 있었다.

2 花果山福地, 水帘洞洞天 : 여기서 '福地'는 신선이 사는 안락한 곳을 말하고, '洞天'
은 산천으로 둘러싸인 경치 좋은 신선이 사는 동굴과 계곡을 말한다.

草丛 cǎocóng 풀숲 ▎ 紧闭 jǐnbì 꼭 닫다 ▎ 纵身 zòngshēn 몸을 훌쩍 날리다 ▎ 睁开 zhèngkāi 눈을 뜨
다 ▎ 镌刻 juānkè 조각하다, 새기다

花果山福地水簾洞洞天

进洞一看，洞中非常宽敞，有石锅石灶、石碗
Jìn dòng yí kàn, dòngzhōng fēichág kuānchǎng, yǒu shíguō shízào、shíwǎn

石盆、石床石凳，就像人家一样。石猴高兴极了，
shípén、shíchuáng shídèng, jiù xiàng rénjiā yíyàng. Shí hóu gāoxìng jí le,

急忙跑出水帘外，领着大小猴子跳过瀑布，钻进石
jímáng pǎochū shuǐlián wài, lǐng zhe dàxiǎo hóuzi tiàoguò pùbù, zuānjìn shí-

洞。猴子们一个个抢盆夺碗，占灶争床，搬过来，
dòng. Hóuzimen yígègè qiǎng pén duó wǎn, zhàn zào zhēng chuáng, bān guòlái,

挪过去，直累得筋疲力尽。
nuó guòqù, zhí lèi de jīn pí lì jìn.

这时候，石猴坐在高处，大声说："各位，刚
Zhèshíhou, shí hóu zuòzài gāochù, dàshēng shuō ："Gè wèi, gāng-

才说过谁有本事进来，不伤着身体，就拜谁为王。
cái shuō guo shéi yǒu běnshì jìnlái, bù shāngzháo shēntǐ, jiù bài shéi wéi wáng.

我如今为大家找到了这样一个好地方，怎么还不拜
Wǒ rújīn wèi dàjiā zhǎodào le zhèyàng yí ge hǎo dìfang, zěnme hái bú bài

我为王？"猴子们听了，一个个拜倒在地，一起喊 ：
wǒ wéi wáng?" Hóuzimen tīng le, yígègè bàidǎo zài dì, yìqǐ hǎn :

"大王！"从此以后，群猴有了猴王。石猴觉得"石"
"Dàwáng!" Cóngcǐ yǐhòu, qún hóu yǒu le Hóuwáng. Shí hóu juéde "shí"

字不好，所以号称"美猴王"。他分派了大小头领，
zì bùhǎo, suǒyǐ hàochēng "Měihóuwáng". Tā fēnpài le dàxiǎo tóulǐng,

天天带领一群猴子，朝游花果山，夜宿水帘洞，逍
tiāntiān dàilǐng yìqún hóuzi, zhāo yóu Huāguǒshān, yè sù Shuǐliándòng, xiāo-

遥自在，好不快乐。
yáo zìzài, hǎobù kuàilè.

동굴 안으로 들어가 보니, 그 안은 굉장히 넓고, 돌솥과 돌 부뚜막, 돌 사발과 돌 대야, 돌 침대와 돌 의자가 있어, 마치 사람이 사는 집과 같았다. 돌 원숭이는 몹시 기뻤다. 서둘러 폭포 밖으로 뛰어나가서 어른이나 아이나 모든 원숭이들을 이끌고 폭포에 뛰어들어, 돌 동굴 속으로 들어갔다. 원숭이들은 잇달아 대야를 약탈하고, 사발을 빼앗고 부뚜막을 차지하고 침대를 두고 다투면서, 옮겨왔다 옮겨가고 그야말로 힘들어서 녹초가 될 지경이었다.

이때 돌 원숭이는 높은 곳에 앉아 큰 목소리로 말했다. "여러분, 조금 전에 누구든 능력 있는 자가 폭포 속으로 들어가, 몸이 다치지 않으면 바로 그 사람을 임금으로 섬긴다고 하셨지요. 제가 지금 여러분을 위해 이렇게 좋은 곳을 찾아냈는데, 어찌 아직도 저를 임금으로 섬기지 않습니까?" 원숭이들은 듣고 나서 하나하나 모두 땅에 엎드려 절하며 함께 "대왕!"이라고 외쳤다. 이때부터 원숭이 무리에게 원숭이 왕이 생겼다. 돌 원숭이는 '돌'이라는 글자가 좋지 않다고 생각해서, '미후왕'이라고 부르게 하였다. 그는 어른과 아이의 우두머리를 나누어, 날마다 원숭이 한 무리를 이끌고, 아침에는 화과산에서 놀고 밤에는 수렴동에서 묵으며, 아무런 구속도 없이 자유롭게 행동하면서 매우 즐겁게 보냈다.

宽敞 kuānchǎng 널찍하다 | 锅 guō 냄비, 솥, 가마 | 灶 zào 부뚜막 | 碗 wǎn 사발, 그릇 | 盆 pén 대야, 화분 | 床 chuáng 침대 | 凳 dèng 의자 | 水帘 shuǐlián (낙차가 크지 않은) 폭포 | 一个个 yígègè 하나하나, 잇달아 | 抢 qiǎng 빼앗다, 약탈하다 | 夺 duó 강제로 빼앗다 | 占 zhàn 차지하다 | 争 zhēng 다투다 | 搬 bān 옮기다, 운반하다 | 挪 nuó 옮기다, 움직이다 | 筋疲力尽 jīn pí lì jìn 기진맥진하다, 피곤해서 녹초가 되다 | 如今 rújīn 지금, 이제 | 拜倒 bàidǎo 엎드려 절하다 | 分派 fēnpài 분배하다, 할당하다 | 头领 tóulǐng 우두머리 | 逍遥 xiāoyáo 아무런 구속도 받지 않다, 자유롭게 거닐다 | 好不 hǎobù 몹시, 매우

就这样，不知不觉过了好多年。有一天，美猴
Jiù zhèyàng, bù zhī bù jué guò le hǎoduō nián. Yǒu yì tiān, Měihóu-

王和猴子们正热热闹闹地吃东西，忽然就闷闷不乐
wáng hé hóuzimen zhèng rèrè nāonāo de chī dōngxi, hūrán jiù mèn mèn bú lè

了。猴子们忙问："大王为什么事烦恼？"美猴王说：
le. Hóuzimen máng wèn : "Dàwáng wèi shénme shì fánnǎo?" Měihóuwáng shuō:

"虽然现在过得快活，可我为以后担忧。"猴子问：
"Suīrán xiànzài guò de kuàihuo, kě wǒ wèi yǐhòu dānyōu." Hóuzi wèn:

"为以后担忧什么？"
"Wèi yǐhòu dānyōu shénme?"

美猴王说："我们整天只知道吃喝玩乐，可总
Měihóuwáng shuō : "Wǒmen zhěngtiān zhǐ zhīdào chī hē wánlè, kě zǒng

难免有生老病死的一天，不得不死！"一个长臂猿
nánmiǎn yǒushēng lǎo bìngsǐ de yì tiān, bùdébù sǐ!" Yí ge chángbìyuán

高声说："大王要学长生不老的本领，可以去拜佛
gāoshēng shuō : "Dàwáng yào xué cháng shēng bù lǎo de běnlǐng, kěyǐ qù bài fó-

祖和神仙为师。"美猴王问："那佛祖和神仙在哪
zǔ hé shénxiān wéi shī." Měihóuwáng wèn : "Nà fózǔ hé shénxiān zài nǎ-

里？"长臂猿说："在古洞仙山之中。"美猴王听
li?" Chángbìyuán shuō : "Zài Gǔdòng xiānshān zhī zhōng." Měihóuwáng tīng

了，非常高兴，说："我明天就下山，去寻找佛祖
le, fēicháng gāoxìng, shuō : "Wǒ míngtiān jiù xià shān, qù xúnzhǎo fózǔ

和神仙。"
hé shénxiān."

　　이렇게 자기도 모르는 사이에 여러 해가 지나갔다. 그러던 어느 날, 미후왕이 원숭이들과 마침 왁자지껄하게 음식을 먹고 있었는데, 갑자기 가슴이 답답하고 울적했다. 원숭이들이 황급히 물었다. "대왕, 무슨 일로 고민을 하십니까?" 미후왕이 "비록 지금은 즐겁게 지내지만, 나는 앞으로가 걱정이구나."라고 말하자, 원숭이들이 물었다. "앞날 때문에 무엇을 걱정하시나요?"

　　미후왕이 말했다. "우리는 하루 종일 단지 먹고 마시고 노는 즐거움만 알았다, 하지만 태어나서, 늙고, 병들어 죽는 그 날을 피할 수 없으니, 죽을 수밖에 없지 않느냐!" 긴팔원숭이 한 마리가 소리 높여 말했다. "대왕께서 불로장생의 비법을 배우려면, 석가여래와 신선을 찾아가 사부님으로 모시면 됩니다." 미후왕이 물었다. "그 석가여래와 신선은 어디에 있느냐?" 긴팔원숭이는 "신선들이 사는 산의 오래된 동굴 속에 있습니다."라고 말했다. 미후왕이 듣고는 매우 기뻐하며 말했다. "나는 내일 당장 산을 내려가, 석가여래와 신선을 찾으러 가야겠다."

不知不觉 bù zhī bù jué 자기도 모르는 사이에 ｜ **热闹** rènao 왁자지껄하다. 떠들썩하게 놀다 ｜ **闷闷不乐** mèn mèn bú lè 가슴이 답답하고 울적하다 ｜ **烦恼** fánnǎo 걱정하다. 고민하다 ｜ **快活** kuàihuo 즐겁다. 유쾌하다 ｜ **担忧** dānyōu 걱정하다. 근심하다 ｜ **难免** nánmiǎn 면하기 어렵다. 피할 수 없다 ｜ **长臂猿** chángbìyuán 긴팔원숭이 ｜ **长生不老** cháng shēng bù lǎo 불로장생, 늙지 않고 오래오래 살다

美猴王乘着木筏出了山，正赶上连日东南风，
Měihóuwáng chéng zhe mùfá chū le shān, zhèng gǎnshàng liánrì dōngnánfēng,

木筏顺水漂流，很快就来到了西北岸边。这天来到
mùfá shùn shuǐ piāoliú, hěn kuài jiù láidào le xīběi ànbiān. Zhètiān láidào

海边，看到有人捕鱼、打雁，他走到人跟前，龇牙
hǎibiān, kàndào yǒu rén bǔ yú、dǎ yàn, tā zǒudào rén gēnqián, zī yá

瞪眼，做个鬼脸，吓得那些人四处逃散。有一个人
dèng yǎn, zuò ge guǐliǎn, xià de nàxiē rén sìchù táosàn. Yǒu yí ge rén

跑得慢，美猴王抓住他，脱下他的衣裳，穿在自己
pǎo de màn, Měihóuwáng zhuāzhù tā, tuōxià tā de yīshang, chuānzài zìjǐ

身上，打扮成人的模样，大摇大摆地来到镇上。
shēnshang, dǎban chéng rén de múyàng, dà yáo dà bǎi de láidào zhènshang.

从此他就模仿人的动作，学人说话，四处奔走，
Cóngcǐ tā jiù mófǎng rén de dòngzuò, xué rén shuōhuà, sìchù bēnzǒu,

寻访仙师。就这样过了八九年，总也找不到佛祖和
xúnfǎng xiānshī. Jiù zhèyàng guò le bā jiǔ nián, zǒng yě zhǎo bu dào fózǔ hé

神仙，但是美猴王并不灰心，仍旧不辞劳苦地寻访。
shénxiān, dànshì Měihóuwáng bìngbù huīxīn, réngjiù bùcí láokǔ de xúnfǎng.

这天，他来到一座高山上，只见群峰耸立，直刺青
Zhètiān, tā láidào yí zuò gāoshān shang, zhǐjiàn qúnfēng sǒnglì, zhícì qīng-

天，山林幽深，景色秀美。美猴王正在观看风景，
tiān, shānlín yōushēn, jǐngsè xiùměi. Měihóuwáng zhèngzài guānkàn fēngjǐng,

忽然听到树林深处有人唱歌，歌声飘飘欲仙。美猴
hūrán tīngdào shùlín shēnchù yǒu rén chàng gē, gēshēng piāopiāo yù xiān. Měihóu-

王听了，非常高兴："原来神仙藏在这里！"
wáng tīng le, fēicháng gāoxìng : "Yuánlái shénxiān cángzài zhèlǐ!"

　　미후왕은 뗏목을 타고 산을 나왔다. 마침 연일 동남풍을 만나, 뗏목은 물결을 따라 흘러 매우 빨리 서북쪽 강기슭에 다다랐다. 이 날 바닷가에 도착해서, 사람들이 물고기를 잡고 기러기 사냥을 하고 있는 것을 보고, 미후왕은 사람들 앞으로 걸어가 이를 드러내고 눈을 부릅뜨며 익살스런 표정을 짓자, 사람들이 놀라 사방으로 도망쳐서 뿔뿔이 흩어졌다. 어떤 한 사람이 뛰는 것이 느리자, 미후왕은 그를 붙잡아 그의 옷을 벗기고는 자신의 몸에 걸쳤다. 그리고는 사람의 모양으로 분장하고 어깨를 으쓱거리며 마을에 도착했다.

　　이때부터 그는 사람들의 동작을 흉내 내고 사람들의 말을 배우며, 사방으로 뛰어다니면서 신선을 찾았다. 이러는 동안 팔구 년이 흘렀지만, 결국 석가여래와 신선을 찾을 수가 없었다. 하지만 미후왕은 결코 낙담하지 않고, 변함없이 고생을 마다하지 않으며 찾아다녔다. 그러던 어느 날 그는 높은 산 위에 다다랐고, 문득 봉우리들이 우뚝 솟아 푸른 하늘을 찌르고, 산림이 깊숙하고 고요하며, 경치가 뛰어나게 아름다운 것을 보았다. 미후왕이 경치를 보고 있는데, 갑자기 숲 속 깊은 곳에서 누군가 노래 부르는 소리가 들려왔고, 경쾌한 노랫소리는 신선의 음성인 듯하였다. 미후왕은 듣고 매우 기뻤다. "알고 보니 신선이 여기에 숨어 있었군!"

木筏 mùfá 뗏목 ┃ 赶上 gǎnshàng 만나다 ┃ 漂流 piāoliú 물결 따라 흐르다 ┃ 岸 àn 강기슭 ┃ 捕鱼 bǔ yú 물고기를 잡다 ┃ 雁 yàn 기러기 ┃ 跟前 gēnqián 앞, 근처 ┃ 龇牙瞪眼 zī yá dèng yǎn 이를 드러내고 눈을 부릅뜨다 ┃ 鬼脸 guǐliǎn 장난으로 하는 익살맞은 얼굴 표정 ┃ 抓住 zhuāzhù 붙잡다 ┃ 衣裳 yīshang 옷 ┃ 打扮 dǎban 분장하다, 치장하다 ┃ 大摇大摆 dà yáo dà bǎi 어깨를 으쓱거리며 걷다 ┃ 奔走 bēnzǒu 뛰어다니다 ┃ 寻访 xúnfǎng 방문하다, 구하다 ┃ 灰心 huīxīn 낙담하다, 의기소침하다 ┃ 不辞 bùcí 사양하지 않다, 마다하지 않다 ┃ 劳苦 láokǔ 고생(하다), 수고(하다) ┃ 直刺 zhícì 찌르다 ┃ 幽深 yōushēn (산수·수림·궁전 따위가) 깊숙하고 고요하다 ┃ 飘飘 piāopiāo (바람이) 산들산들 부는 모양, (마음이) 경쾌하다

他急忙拨开树丛一看，唱歌的是一个砍柴的樵
Tā jímáng bōkāi shùcóng yí kàn, chàng gē de shì yí ge kǎn chái de qiáo-

夫。美猴王急忙跑上前去，行了一个礼："老神仙，
fū. Měihóuwáng jímáng pǎo shàngqián qù, xíng le yí ge lǐ : "Lǎo shénxiān,

弟子这里有礼了！"樵夫连忙还礼："不敢当，我
dìzǐ zhèlǐ yǒu lǐ le!" Qiáofū liánmáng huánlǐ : "Bù gǎndāng, wǒ

可不是什么神仙。"美猴王说："你刚才不是唱的神
kě búshì shénme shénxiān." Měihóuwáng shuō : "Nǐ gāngcái búshì chàng de shén-

仙的歌吗？"樵夫说："不瞒你说，这歌确实是一
xiān de gē ma?" Qiáofū shuō : "Bùmán nǐ shuō, zhè gē quèshí shì yí

位神仙教的。"
wèi shénxiān jiāo de."

美猴王连忙说："那你快告诉我这神仙的住处，
Měihóuwáng liánmáng shuō : "Nà nǐ kuài gàosu wǒ zhè shénxiān de zhùchù,

我好去拜访。"樵夫说："不远，不远。这座山叫灵
wǒ hǎo qù bàifǎng." Qiáofū shuō : "Bù yuǎn, bù yuǎn. Zhè zuò shān jiào Líng-

台方寸山，山中有座斜月三星洞 [3]。那洞中有一个
táifāngcùnshān, shānzhōng yǒu zuò Xiéyuèsānxīngdòng. Nà dòngzhōng yǒu yí ge

神仙，名叫须菩提祖师 [4]。你顺着那条小路，往正
shénxiān, míng jiào Xū Pútí zǔshī. Nǐ shùn zhe nà tiáo xiǎolù, wǎng zhèng

南走七八里，就是神仙的住处了。"
nán zǒu qī bā lǐ, jiùshì shénxiān de zhùchù le."

3 灵台方寸山，斜月三星洞 : 지명. '灵台'와 '方寸'은 모두 한자 '마음 심(心)'의 별칭
으로, '斜月'은 한자 '마음 심(心)'에서 '굽은 모양'을 나타내고, '星洞'은 '마음 심(心)'
의 '세 점'을 각각 나타낸다. 위 구절은 마음을 수양하는 신선의 수행 과정과 그 거
처를 비유적으로 표현한 것이다.

4 须菩提祖师 : 인도의 고승 '须菩提'의 높임말로, 석가모니의 10대 제자 중 하나이
며, 십육 나한 중 한 명이기도 하다. 여기서는 불교와 도교의 수련을 겸하고 있는
신선의 하나로 허구적 인물이다.

그가 재빨리 수풀을 헤치고 살펴보니, 노래를 부르고 있던 사람은 장작을 패는 나무꾼이었다. 미후왕은 서둘러 앞으로 뛰어가, 예를 갖춰 말했다. "신선님, 제자가 여기 인사 여쭙겠습니다!" 나무꾼은 황급히 답례를 하고는 "천만의 말씀입니다. 제가 어찌 신선이란 말씀이십니까!"라고 말하는 것이었다. 미후왕이 "당신이 방금 신선의 노래를 부르지 않았습니까?" 하고 묻자, 나무꾼이 말했다. "당신을 속이지 않고 말하겠습니다. 이 노래는 정말로 어떤 신선께서 가르쳐 주신 것입니다."

미후왕이 급히 물었다. "그렇다면, 제게 빨리 그 신선의 거처를 알려 주십시오, 제가 찾아뵈러 가야 합니다." 나무꾼이 말했다. "멀지 않습니다, 멀지 않아요. 이 산은 '영대방촌산'이라 부르고, 산 속에 '사월삼성동'이라는 동굴이 있습니다. 그 동굴에 신선 한 분이 살고 계시는데, '수보리 조사'라고 부르지요. 저 작은 길을 따라 정남쪽으로 칠팔 리를 가시면, 바로 그 신선께서 사시는 곳입니다."

拔开 bōkāi 헤치다 ┃ 树丛 shùcóng 수풀 ┃ 砍柴 kǎn chái 장작을 패다 ┃ 樵夫 qiáofū 나무꾼 ┃
还礼 huánlǐ (남의 경례에 대하여) 답례하다 ┃ 不敢当 bù gǎndāng (상대방의 초대나 칭찬 등에 대해서) 별말씀을 다 하십니다. 황송합니다 ┃ 不瞒 bùmán 속이지 않다 ┃ 住处 zhùchù 주소, 거처 ┃ 祖师 zǔshī (학파·종파 따위의) 조사, 창시자, 개조

美猴王辞别樵夫，按照指点，果然来到了三星
Měihóuwáng cíbié qiáofū, ànzhào zhǐdiǎn, guǒrán láidào le Sānxīng-

洞，洞口石崖上有十个大字："灵台方寸山，斜月
dòng, dòngkǒu shíyá shang yǒu shí ge dàzì ："Língtáifāngcùnshān, Xiéyuè-

三星洞。"只见洞门紧闭，侧耳听了听，也没有动静。
sānxīngdòng." Zhǐjiàn dòngmén jǐnbì, cè'ěr tīng le tīng, yě méiyǒu dòngjing.

美猴王不敢贸然敲门，便跳上松树枝头，摘松子吃
Měihóuwáng bùgǎn màorán qiāo mén, biàn tiào shàng sōngshù zhītóu, zhāi sōngzǐ chī

着玩儿。
zhe wánr.

忽然听见"吱呀"一声，洞门开了，从里面走
Hūrán tīngjiàn "zhīya" yì shēng, dòngmén kāi le, cóng lǐmiàn zǒu

出来一个仙童，高声喊道："什么人在这里骚扰？"
chūlái yí ge xiāntóng, gāoshēng hǎndào ："Shénme rén zài zhèlǐ sāorǎo?"

美猴王赶快跳下树来，上前施礼："我是个访仙学
Měihóuwáng gǎnkuài tiào xià shù lái, shàngqián shīlǐ ："Wǒ shì ge fǎng xiān xué

道的弟子，不敢在此骚扰。"仙童说："我家师父正
dào de dìzǐ, bùgǎn zài cǐ sāorǎo." Xiāntóng shuō ："Wǒ jiā shīfu zhèng-

在登坛讲道，忽然叫我出来开门，说有个修行的来
zài dēng tán jiǎng dào, hūrán jiào wǒ chūlái kāimén, shuō yǒu ge xiūxíng de lái

了，想必就是你了。快跟我进来吧。"
le, xiǎngbì jiùshì nǐ le. Kuài gēn wǒ jìnlái ba."

미후왕은 나무꾼에게 작별 인사를 하고, 가르쳐 준대로 따라가니 과연 삼성동
에 다다랐다. 동굴 입구의 절벽 위에는 '영대방촌산, 사월삼성동'이라는 열 개의
큰 글자가 있었다. 얼핏 보니 동굴의 입구가 꽉 닫혀 있었고 귀 기울여 들어 보았
지만, 아무런 인기척도 없었다. 미후왕은 감히 경솔하게 문을 두드리지 못하고,
소나무 가지 끝에 뛰어올라가 잣을 따먹으며 놀았다.

갑자기 "끼익" 하는 소리가 들리고 동굴 문이 열리며, 안쪽에서 선동 하나가 걸
어 나와서는 소리 높여 외쳤다. "누가 이곳에서 소란을 피우는 것이오?" 미후왕은
재빨리 나무 아래로 뛰어 내려와 앞에 가서 인사를 했다. "저는 신선을 뵙고 도를
배우고자 하는 제자인데, 감히 이곳에서 소란을 피우지 못하지요." 선동이 말했다.
"저희 사부님께서 한창 강단에 올라 설교하시다가 갑자기 저더러 나와서 문을 열
라 하시며, 수행자 한 사람이 왔다고 말씀하셨는데, 틀림없이 당신이로군요! 어서
저를 따라 들어오세요."

辞別 cíbié 작별인사를 하다　┃　按照 ànzhào ～대로, ～에 비추어　┃　崖 yá 절벽　┃　侧耳 cì'ěr 귀
를 기울이다　┃　动静 dòngjing 동정, 인기척　┃　贸然 màorán 경솔하다　┃　枝头 zhītóu 나뭇가지 끝
┃　摘 zhāi 따다　┃　松子 sōngzǐ 잣　┃　仙童 xiāntóng 선동　┃　骚扰 sāorǎo 소란을 피우다　┃　施
礼 shīlǐ 예를 행하다, 인사하다　┃　坛 tán 강단, 연단　┃　修行 xiūxíng 수행하다, 도를 닦다　┃　想必
xiǎngbì 반드시, 틀림없이

美猴王连忙整理一下衣服，恭恭敬敬地跟着童
Měihóuwáng liánmáng zhěnglǐ yíxià yīfu, gōnggōngjìngjìng de gēnzhe tóng-

子进入洞府。只见那须菩提祖师仙风道骨，五绺长
zǐ jìnrù dòngfǔ. Zhǐjiàn nà Xū Pútí zǔshī xiān fēng dào gǔ, wǔ liǔ cháng-

须垂在胸前，端端正正坐在瑶台之上，台下两边有
xū chuízài xiōngqián, duànduànzhèngzhèng zuòzài yáotái zhīshàng, táixià liǎngbiān yǒu

几十个小仙侍立。美猴王急忙跪下，咕冬咕冬磕起
jǐ shí ge xiǎoxiān shìlì. Měihóuwáng jímáng guìxià, gūdōnggūdōng kē qǐ

头来，嘴里连声说："师父！师父！弟子诚心朝拜，
tóu lái, zuǐli liánshēng shuō : "Shīfu! Shīfu! Dìzǐ chéngxīn cháobài,

前来学艺，恳请师父收留！"
qiánlái xué yì, kěnqǐng shīfu shōuliú!"

미후왕은 재빨리 의복을 매만지고는, 공손히 동자를 따라 신선이 사는 곳으로 들어갔다. 언뜻 보니 수보리 조사는 신선의 풍채와 도인의 골격에, 양 볼과 코밑 그리고 턱에 난 긴 수염을 가슴까지 늘어뜨리고, 옥으로 장식한 누대 위에 아주 바르게 앉아 있었다. 그리고 누대 아래 양쪽에는 몇 십 명의 제자들이 공손히 서 있었다. 미후왕은 황급히 무릎을 꿇고 '쿵쿵' 이마를 땅에 조아리고 절하며, 입으로는 연신 "사부님! 사부님! 제자가 진실한 마음으로 알현합니다. 도술을 배우러 여기까지 왔사오니, 사부님께서 거두어 주시길 간청 드립니다!"라고 말했다.

祖师问他：“你是哪里人氏？说明白了再拜也
Zǔshī wèn tā : "Nǐ shì nǎli rénshì? Shuō míngbai le zài bài yě

不迟。”美猴王说：“弟子是傲来国花果山人氏，漂
bù chí." Měihóuwáng shuō : "Dìzǐ shì Àoláiguó Huāguǒshān rénshì, piāo-

洋过海十几个年头，才找到这里。”祖师又问：“你
yáng guò hǎi shí jǐ ge niántóu, cái zhǎodào zhèlǐ." Zǔshī yòu wèn : "Nǐ

姓什么？”美猴王回答：“我从来没有姓。”祖师问：
xìng shénme?" Měihóuwáng huídá : "Wǒ cónglái méiyǒu xìng." Zǔshī wèn:

“你父母原来姓什么？”美猴王说：“我没有父母。”
"Nǐ fùmǔ yuánlái xìng shénme?" Měihóuwáng shuō : "Wǒ méiyóu fùmǔ."

祖师说：“没有父母，莫非你是土里生的，树上结
Zǔshī shuō : "Méiyǒu fùmǔ, mòfēi nǐ shì tǔli shēng de, shùshang jiē

的？”美猴王说：“我虽然不是树上结的，却是石
de?" Měihóuwáng shuō : "Wǒ suīrán búshì shùshàng jiē de, quèshì shí-

头里蹦出来的。”
tou li bèng chūlái de."

祖师一听他是个天生地成的石猴，就有了三分
Zǔshī yì tīng tā shì ge tiān shēng dì chéng de shí hóu, jiù yǒu le sānfēn

喜爱，说：“好，我收下你，但是要有个姓名才好
xǐ'ài, shuō : "Hǎo, wǒ shōuxià nǐ, dànshì yào yǒu ge xìngmíng cái hǎo

招呼。你先走几步我看看。”美猴王跳起来走了几
zhāohu. Nǐ xiān zǒu jǐ bù wǒ kànkan." Měihóuwáng tiào qǐlái zǒu le jǐ

步。
bù.

人氏 rénshì (본적·출신지를 가리킬 때의) 사람. 성씨 ┃ 迟 chí 느리다. 늦다 ┃ 莫非 mòfēi 설마 ～란
말인가? ┃ 结 jiē (열매가) 열리다 ┃ 天生地成 tiān shēng dì chéng 하늘이 낳고 땅이 기르다 ┃ 三
分 sānfēn 조금 ┃ 喜爱 xǐ'ài 좋아하다. 호감을 가지다 ┃ 招呼 zhāohu 부르다

　　조사가 그에게 물었다. "그대는 어디에서 온 사람인가? 우선 자세히 설명하고 난 뒤에 다시 인사해도 늦지 않다네." 미후왕은 "소인은 오래국 화과산 출신으로, 대양을 떠돌다 바다를 건너 십 수 년이 지나서야 이곳을 찾았습니다." 조사가 다시 물었다. "그대의 성은 무엇인고?" 미후왕은 "저는 본디 성이 없습니다."라고 대답하였다. 조사가 "그대 부모는 본래 성이 무엇인고?"라고 묻자, 미후왕은 "저는 부모님이 없습니다."라고 대답하였다. 조사가 물었다. "부모가 없다니, 그대는 땅에서 났단 말이냐? 아니면 나무에서 열렸단 말이냐?" 미후왕이 대답하였다. "저는 비록 나무에서 열린 것은 아니지만, 바위 속에서 튀어나왔습니다."

　　조사는 그가 하늘이 낳고 땅이 길러준 돌 원숭이라는 것을 듣고는, 바로 호감이 조금 생겨서 말했다. "오냐, 내 너를 받아주마. 그러나 성과 이름이 있어야 부르기 수월할 것이다. 너는 우선 내가 볼 수 있도록 몇 걸음 걸어보아라." 미후왕은 뛰어올라 몇 걸음 걸었다.

祖师笑着说："你走相虽然不雅，但轻灵敏捷，
Zǔshī xiào zhe shuō : "Nǐ zǒu xiàng suīrán bù yǎ, dàn qīnglíng mǐnjié,

是个猢狲样子。狲字去掉兽旁，是个'孙'字，你
shì ge húsūn yàngzi. Sūn zì qùdiào shòu páng, shì ge 'Sūn' zì, nǐ

就姓'孙'吧。"美猴王听了满心欢喜："好！好！
jiù xìng 'Sūn' ba." Měihóuwáng tīng le mǎnxīn huānxǐ : "Hǎo! Hǎo!

今天我有姓了！既然有姓，还请师父再赐个名字。"
Jīntiān wǒ yǒu xìng le! Jìrán yǒu xìng, hái qǐng shīfu zài cì ge míngzi."

祖师说："你在弟子中排行'悟'字，就叫'悟空'
Zǔshī shuō : "Nǐ zài dìzǐ zhōng páiháng 'Wù' zì, jiù jiào 'Wùkōng'

好不好？"美猴王连忙答应："好！好！从此我就
hǎobùhǎo?" Měihóuwáng liánmáng dāying : "Hǎo! Hǎo! Cóngcǐ wǒ jiù

叫孙悟空！"
jiào Sūn Wùkōng!"

从此，孙悟空在三星洞跟须菩提祖师学艺，学
Cóngcǐ, Sūn Wùkōng zài Sānxīngdòng gēn Xū Pútí zǔshī xué yì, xué-

到了长生不老的道法，学会了七十二般变化[5]，还
dào le cháng shēng bù lǎo de dàofǎ, xuéhuì le qīshí'èr bān biànhuà, hái

学会了十万八千里的筋斗云。本领学成之后，孙悟
xuéhuì le shíwàn bāqiān lǐ de jīndǒuyún. Běnlǐng xuéchéng zhīhòu, Sūn Wù-

空回到了花果山。
kōng huídào le Huāguǒshān.

조사가 웃으며 말했다. "너의 걷는 모습이 비록 고상하지는 않지만, 가볍고 민첩하니 꼭 '호손'의 모습이구나. '손(猻)'이란 글자에서 짐승을 나타내는 변을 떼버리면 '손(孫)'이란 글자가 되니, 너의 성을 '손'으로 하자꾸나." 미후왕이 듣고는 진심으로 기뻐하며, "네! 좋습니다. 오늘 저에게 성이 생겼군요. 기왕 성이 생겼으니, 사부님께서 이름도 지어 주십시오."라고 말했다. 조사가 말했다. "너는 제자들 중에 서열이 '오(悟)'자에 해당하니 '오공'이라고 부르는 것이 어떻겠느냐?" 미후왕은 얼른 대답했다. "좋아요! 좋아! 이제부터 저의 이름은 바로 손오공입니다!"

이때부터 손오공은 삼성동에서 수보리 조사에게 도술을 배웠는데, 불로장생의 도술을 배우고 일흔 두 가지의 둔갑술을 할 줄 알게 되었다. 또한 십만팔천 리를 날아갈 수 있는 근두운을 탈 수 있게 되었다. 기량들을 다 배운 뒤, 손오공은 화과산으로 돌아왔다.

5 **七十二般变化** : 손오공이 펼치는 72가지의 지살수(地煞數) 둔갑술법.

雅 yǎ 고상하다 ｜ 轻灵 qīnglíng 가볍고 민첩하다 ｜ 猢狲 húsūn 원숭이의 한 종류 (추위에 강하고 중국 북부 산림에 서식함) ｜ 去掉 qùdiào 없애버리다, 제거하다 ｜ 旁 páng 한자(漢字)의 편방 ｜ 满心 mǎnxīn 진심으로 ｜ 欢喜 huānxǐ 기뻐하다 ｜ 赐 cì 주다 ｜ 排行 páixíng (형제·자매의) 나이가 많고 적음의 순서 ｜ 般 bān 종류, 가지 ｜ 本领 běnlǐng 재능, 기량, 능력

1 **본문을 읽고 다음 물음에 답하시오.**

(1) 石猴紧闭双眼纵身跳进瀑布后，发现了什么？

    A. 一个山洞，洞口镌刻着十个大字

    B. 里面有水，还有一架铁板桥横在前面

    C. 里面有一座石洞，洞中有铁锅铁灶、铁碗铁盆等器具

(2) 美猴王乘木筏出山的真正原因是什么？

    A. 他要学长生不老的本领

    B. 他要模仿人的动作，学人说话

    C. 他要出去访师，学习让猴子们如何可以布阵自卫

(3) 孙悟空在三星洞跟须菩提祖师学到什么？

    A. 三十六般变化

    B. 练成了火眼金睛

    C. 十万八千里的筋斗云

2 **다음 문장을 자연스러운 우리말로 옮기시오.**

(1) 自盘古开天地以来，这块仙石感受了日月的精华，有了灵气。

    ➡

(2) 只见那瀑布从绝壁上倾泻而下，溅起一片水雾浪花，十分壮观。

    ➡

3 녹음을 듣고 빈칸에 들어갈 말을 써 넣으시오.

(1) 那石猴动作十分(　　　　), 头脑十分(　　　　)。

(2) 就这样过了八九年, 总也找不到佛祖和神仙, 但是美猴王并不
　　(　　　　), 仍旧不辞劳苦地(　　　　)。

(3) 只见那须菩提祖师仙风道骨, 五绺长须垂在胸前, (　　　　　　　)
　　坐在瑶台之上, 台下两边有几十个小仙(　　　　)。

4 다음 문장을 자연스러운 중국어로 옮기시오.

(1) 비록 지금의 생활이 즐겁다고는 하지만, 나는 앞으로가 걱정이구나.

　　➡

(2) 부모가 없다니, 그대는 땅에서 났단 말이냐? 아니면 나무에서 열렸
　　단 말이냐?

　　➡

龙宫借宝

孙悟空学艺归来，开始训练花果山的猴子们。
Sūn Wùkōng xué yì guī lái, kāishǐ xùnliàn Huāguǒshān de hóuzimen.

他教猴子们用竹子做枪，用木头做刀，每天领着他
Tā jiāo hóuzimen yòng zhúzi zuò qiāng, yòng mùtou zuò dāo, měitiān lǐng zhe tā-

们练习武艺，演习布阵，研究兵法，把一群乌合之
men liànxí wǔyì, yǎnxí bùzhèn, yánjiū bīngfǎ, bǎ yìqún wū hé zhī

众训练得像模象样。练了一段时间，孙悟空忽然
zhòng xùnliàn de xiàng mú xiàng yàng. Liàn le yíduàn shíjiān, Sūn Wùkōng hūrán

闷闷不乐起来。一个老猴子上前问道："大王有什
mèn mèn bú lè qǐlái. Yí ge lǎo hóuzi shàngqián wèndào : "Dàwáng yǒu shén-

么心事？"悟空说："我们这些竹枪木刀，能对付
me xīnshì?" Wùkōng shuō : "Wǒmen zhèxiē zhú qiāng mù dāo, néng duìfu

真正的敌人吗？"有四个老猴走上前说："咱们干
zhēnzhèng de dírén ma?" Yǒu sì ge lǎo hóu zǒu shàngqián shuō : "Zánmen gān-

脆置办些真刀真枪，谁来欺负咱们，
cuì zhìbàn xiē zhēn dāo zhēn qiāng, shéi lái qīfu zánmen,

就兵来将挡，水来土屯[1]。"
jiù bīng lái jiàng dǎng, shuǐ lái tǔ tún."

용궁에서 보물을 빌리다

　　손오공은 도술을 익혀 돌아와서는, 화과산의 원숭이들을 훈련시키기 시작했다. 그는 원숭이들에게 대나무로 창을 삼고, 나무로 칼을 삼는 법을 가르쳤다. 또 매일 그들을 데리고 무예를 연마하고 진을 치는 연습을 하며, 병법을 연구하여 한 무리의 오합지졸을 모양새가 제대로 갖추어지도록 훈련시켰다. 무예를 어느 정도 연마하자, 손오공은 문득 가슴이 답답해지면서 즐겁지가 않았다. 한 원로 원숭이가 앞으로 나아가 물었다. "대왕, 무슨 근심거리가 있으십니까?" 오공이 말했다. "우리의 이러한 대나무 창과 나무 칼이 진짜 적에게 맞설 수 있을까?" 네 마리의 원로 원숭이가 앞으로 나와 이야기하였다. "우리가 아예 진짜 칼과 창을 마련하면, 누가 와서 우리들을 괴롭히겠습니까? 병사가 쳐들어오면 장군이 막고, 물이 밀려오면 흙을 쌓아 막으면 됩니다."

> **1** **兵来将挡，水来土屯** : 병사가 쳐들어오면 장군이 막고, 물이 밀려오면 흙으로 막다; 어떤 사태에도 대처하는 방법이 있다.

训练 xùnliàn 훈련하다 ｜ **做** zuò ～로 삼다 ｜ **演习** yǎnxí 연습하다. 훈련하다 ｜ **布阵** bùzhèn 진을 치다 ｜ **乌合之众** wū hé zhī zhòng 오합지졸; 조직도 기율도 없는 무질서한 무리 ｜ **像模像样** xiàng mú xiàng yàng 모양 등이 제대로 갖추어진 상태 ｜ **心事** xīnshì 걱정거리. 시름 ｜ **对付** duìfu 대응하다. 맞서다 ｜ **真正** zhēnzhèng 진짜의. 진정한 ｜ **干脆** gāncuì 아예, 시원스럽게 ｜ **置办** zhìbàn 마련하다 ｜ **欺负** qīfu 얕보다. 괴롭히다

悟空听了，正合心意，就问道："可是从哪儿
Wùkōng tīng le, zhèng hé xīnyì, jiù wèndào : "Kěshì cóng nǎr

能弄到真刀真枪？"那四只猴子说："这不是难事。
néng nòngdào zhēn dāo zhēn qiāng?" Nà sì zhī hóuzi shuō : "Zhè búshì nánshì.

从我们这里向东，过了二百里水面，就是傲来国。
Cóng wǒmen zhèlǐ xiàng dōng, guò le èrbǎi lǐ shuǐmiàn, jiùshì Àoláiguó.

傲来国城中一定有铁匠，大王如果到那里去，或者
Àoláiguó chéngzhōng yídìng yǒu tiějiàng, dàwáng rúguǒ dào nàli qù, huòzhě

买一些兵器，或者打造一些兵器，都没有问题。"
mǎi yì xiē bīngqì, huòzhě dǎzào yì xiē bīngqì, dōu méiyǒu wèntí."

悟空听了满心欢喜，说："你们先在家里继续操练，
Wùkōng tīng le mǎnxīn huānxǐ, shuō : "Nǐmen xiān zài jiāli jìxù cāoliàn,

我去去就来。"
wǒ qùqù jiù lái."

好一个猴王，驾起筋斗云，霎时间过了二百里
Hǎo yí ge Hóuwáng, jià qǐ jīndǒuyún, shàshíjiān guò le èrbǎi lǐ

水面，来到一座城池上空。他往下一看，那里万户
shuǐmiàn, láidào yí zuò chéngchí shàngkōng. Tā wǎng xià yí kàn, nàli wàn hù

千家，人来人往，买卖生意，红红火火。估计这里
qiān jiā, rén lái rén wǎng, mǎimài shēngyi, hónghong huǒhuǒ. Gūjì zhèlǐ

就是傲来国了。他本想到铁匠铺里去买兵器，又一
jiùshì Àoláiguó le. Tā běn xiǎngdào tiějiàngpù li qù mǎi bīngqì, yòu yì

想："店铺里不过能买三五十件，哪里够用。不如
xiǎng : "Diànpù li búguò néng mǎi sān wǔ shí jiàn, nǎli gòuyòng. Bùrú

到国王的兵器库里弄些来，既不用花钱，又应有尽
dào guówáng de bīngqìkù li nòng xiē lái, jì búyòng huā qián, yòu yīng yǒu jìn

有。"
yǒu."

오공은 이 말을 듣고 매우 흡족해서 물었다. "하지만 어디서 진짜 칼과 창을 구할 수 있지?" 그 네 마리의 원로 원숭이들이 말했다. "그것은 어려운 일이 아닙니다. 우리가 살고 있는 이곳에서 동쪽을 향해 물길로 이백 리 가면, 바로 오래국입니다. 오래국 성에는 반드시 대장장이가 있을 것이니, 대왕께서 만약 그곳에 가셔서 병기들을 사거나 병기를 만든다면, 아무런 문제가 없을 것입니다." 오공은 이를 듣고 진심으로 기뻐하면서 말했다. "너희들은 우선 집에서 계속 훈련을 하고 있거라, 내가 좀 다녀오겠다."

정말 미후왕은 근두운을 몰고 삽시간에 물길 이백 리를 건너가, 어떤 성의 상공에 다다랐다. 그가 아래를 내려다보니, 그곳엔 수천수만의 집이 있었고, 사람들이 왕래하며 물건을 사고 팔며 장사를 하는 것이 활기가 넘쳐나고 있었다. 이곳이 바로 오래국이라고 생각되었다. 그는 원래 대장간에 가서 병기를 사려고 생각했는데, 다시 생각해 봤다. '상점에서는 사오십 개정도 밖에 살 수 없는데, 어디 충분하겠어. 국왕의 무기창고에 가서 좀 가져오는 것만도 못할 거야. 그렇게 하면 돈을 쓸 필요도 없을 뿐만 아니라, 또 있어야 할 것은 모두 다 있게 되는 거야'

合心(意) hé xīn(yì) 마음에 들다 ┃ 铁匠 tiějiàng 대장장이 ┃ 打造 dǎzào (주로 금속 제품을) 만들다 ┃ 操练 cāoliàn 훈련(하다), 연습(하다) ┃ 好 hǎo 정말, 참으로 ('一个' 앞에 쓰여 감탄을 나타냄) 驾 jià 몰다, 운전하다 ┃ 霎时间 shàshíjiān 삽시간, 순식간 ┃ 城池 chéngchí 성 ┃ 万户千家 wàn hù qiān jiā 수천수만의 집 ┃ 买卖 mǎimài 사고팔다 ┃ 生意 shēngyi 장사, 영업 ┃ 红红火火 hónghong huǒhuǒ 흥청거리다, 활기 넘치다 ┃ 估计 gūjì 예측하다, 추정하다 ┃ 铺 pù 가게, 상점 ┃ 够用 gòuyòng 충분하다 ┃ 应有尽有 yīng yǒu jìn yǒu 있어야 할 것은 모두 다 있다

于是，他念起咒语，吸了一口大气，呼地吹了
Yúshì, tā niànqǐ zhòuyǔ, xī le yì kǒu dàqì, hū de chuī le

出去，只见平地刮起一阵狂风，只刮得飞沙走石，
chūqù, zhǐjiàn píngdì guāqǐ yízhèn kuángfēng, zhǐ guā de fēi shā zǒu shí,

昏天黑地。悟空按落云头，找到兵器库，只见里面
hūn tiān hēi dì. Wùkōng àn luò yúntóu, zhǎodào bīngqìkù, zhǐjiàn lǐmiàn

兵器无数，刀枪剑戟，斧钺钩叉[2]，样样俱全。悟
bīngqì wúshù, dāo qiāng jiàn jǐ, fǔ yuè gōu chā, yàngyàng jùquán. Wù-

空想："我一个人能拿多少？还是使个分身法吧。"
kōng xiǎng : "Wǒ yí ge rén néng ná duōshǎo? Háishì shǐ ge fēnshēnfǎ ba."

그리하여 그가 주문을 외우고, 숨을 크게 한번 들이마신 뒤에 '후' 하고 내쉬자,
땅에 한바탕 광풍이 일어나는게 보이더니, 모래가 날리고 돌이 구르면서 사방이
캄캄해졌다. 오공은 구름을 누르고 내려와 병기 창고를 찾았다. 언뜻 보니 그 안
에는 무기가 수도 없이 많았다. 칼과 창이며, 검과 미늘창, 그리고 크고 작은 도
끼와 갈고리, 쇠스랑 등 온갖 것들이 모두 갖추어져 있었다. 오공은 '나 혼자 힘으
로 얼마나 가져갈 수 있겠어? 아무래도 분신법을 써야겠어.'라고 생각했다.

2 **刀枪剑戟, 斧钺钩叉** : 고대의 병기로, 칼과 창, 검과 창끝이 두세 개인 미늘창,
그리고 작은 도끼와 큰 도끼, 갈고리와 쇠스랑을 말한다.

咒语 zhòuyǔ 주문 ｜ 刮 guā 바람이 불다 ｜ 一阵 yízhèn 한바탕, 한차례 ｜ 飞沙走石 fēi shā zǒu
shí 모래를 날리고 돌을 굴리다 ｜ 昏天黑地 hūn tiān hēi dì 사방이 캄캄하다 ｜ 样样 yàngyàng 여러가지,
형형색색, 각양각색 ｜ 俱全 jùquán 모두 갖추다

于是，拔下一撮毫毛，放进嘴里嚼烂，喷出
Yúshì, báxià yì zuǒ háomáo, fàngjìn zuǐli jiáolàn, pēn chū-

去，喊一声"变！"马上变成千百个小猴，都来乱
qù, hǎn yì shēng "biàn!" mǎshàng biànchéng qiānbǎi ge xiǎo hóu, dōu lái luàn

搬乱抢，有力气的拿五六件，力气小的拿两三件，
bān luàn qiǎng, yǒu lìqi de ná wǔ liù jiàn, lìqi xiǎo de ná liǎng sān jiàn,

不一会儿就把武器搬个一干二净。悟空又念起咒语，
bùyíhuìr jiù bǎ wǔqì bān ge yì gān èr jìng. Wùkōng yòu niànqǐ zhòuyǔ,

带领小猴站在云头上，一阵风回到了花果山。那花
dàilǐng xiǎo hóu zhànzài yúntóu shang, yízhènfēng huídào le Huāguǒshān. Nà Huā-

果山大小猴儿，正在洞外操练，忽然听到空中风声，
guǒshān dà xiǎo hóur, zhèngzài dòngwài cāoliàn, hūrán tīngdào kōngzhōng fēngshēng,

抬头一看，见是猴王回来了，高兴得欢蹦乱跳。
táitóu yí kàn, jiàn shì Hóuwáng huílái le, gāoxìng de huān bèng luàn tiào.

悟空按落云头，收了毫毛，将兵器堆在山前：
Wùkōng àn luò yúntóu, shōu le háomáo, jiāng bīngqì duīzài shānqián :

"小的们，都来领兵器！"猴子们一拥而上，抢刀的抢
"Xiǎo demen, dōu lái lǐng bīngqì!" Hóuzimen yì yōng ér shàng, qiǎng dāo de qiǎng

刀，夺剑的夺剑。大伙领到兵器，高高兴兴鼓捣了
dāo, duó jiàn de duó jiàn. Dàhuǒ lǐngdào bīngqì, gāogāoxìngxìng gǔdao le

半天。
bàntiān.

拔 bá 뽑다, 빼다 ┃ 撮 zuǒ 움큼, 줌 (모발 따위의 양을 세는 데 쓰임) ┃ 毫毛 háomáo 솜털 ┃ 嚼
烂 jiáolàn 잘게 씹다 ┃ 喷 pēn 내뱉다 ┃ 一干二净 yì gān èr jìng 깨끗이, 모조리 ┃ 一阵风 yízhèn
fēng 재빨리, 신속히 ┃ 抬头 táitóu 머리를 들다 ┃ 欢蹦乱跑 huān bèng luàn tiào 기뻐서 깡충깡충 뛰
다 ┃ 堆 duī 쌓다 ┃ 领 lǐng 수령하다, 받다 ┃ 一拥而上 yì yōng ér shàng 우르르 몰려들다 ┃ 大
伙 dàhuǒ 모두들 ┃ 鼓捣 gǔdao 주무르다, 만지작거리다

　그리고는 머리카락을 한 줌 뽑아, 입에 넣고 잘근잘근 씹어서 내뱉으며, "변해라!"
하고 외쳤다. 곧바로 수천 수백의 졸개 원숭이로 변하더니, 모두 와서 정신없이
옮기고 챙기는데, 힘이 센 녀석은 대 여섯 개, 힘이 약한 녀석은 두세 개씩 가져가,
금세 병기를 모조리 옮겼다. 오공은 또다시 주문을 외워서, 졸개 원숭이들을 이끌
고 구름 위에 서서 한달음에 화과산으로 돌아왔다. 그 화과산의 어른, 아이 원숭
이들이 마침 동굴 밖에서 조련을 하고 있었는데, 갑자기 공중에서 바람소리가 들
려 고개를 들어 보니, 미후왕이 돌아온 것이 보여 기뻐서 깡충깡충 뛰었다.

　오공은 구름을 누르고 내려와, 머리카락을 모으고는 병기들을 산 앞에 쌓아두
었다. "얘들아, 모두 와서 무기를 받거라!" 원숭이들은 우르르 몰려들어, 칼을 챙
길 놈은 칼을 챙기고, 검을 챙길 놈은 검을 챙겨 갔다. 모두들 병기를 받고서 너
무 기뻐 한나절이나 만지작거렸다.

这一天，猴儿们正在操练，美猴王忽然又不开
Zhè yì tiān, hóurmen zhèngzài cāoliàn, Měihóuwáng hūrán yòu bù kāi-

心了："你们都有了称心的兵器，我还没有。"四
xīn le : "Nǐmen dōu yǒu le chènxīn de bīngqì, wǒ hái méiyǒu." Sì

老猴上前说道："大王是位神仙，凡间的兵器当然
lǎo hóu shàngqián shuōdào : "Dàwáng shì wèi shénxiān, fánjiān de bīngqì dāngrán

不能称心如意。但不知大王能不能到水里去？"悟
bùnéng chènxīn rúyì. Dàn bù zhī Dàwáng néngbùnéng dào shuǐli qù?" Wù-

空说："我学会了七十二般变化，上天有路，入地
kōng shuō : "Wǒ xuéhuì le qīshí'èr bān biànhuà, shàng tiān yǒu lù, rù dì

有门。水不能淹了俺，火不能烧了俺，哪有去不得
yǒu mén. Shuǐ bùnéng yān le ǎn, huǒ bùnéng shāo le ǎn, nǎ yǒu qù bùde

的地方！"四老猴说："人们常说龙宫藏宝。大王
de dìfang!" Sì lǎo hóu shuō : "Rénmen cháng shuō Lónggōng cáng bǎo. Dàwáng

既有如此神通，为什么不到东海老龙王那里去借件
jì yǒu rúcǐ shéntōng, wèishénme bú dào Dōnghǎi lǎo Lóngwáng nàli qù jiè jiàn

兵器来。我们这铁板桥下的水路，就直通东海龙宫。"
bīngqì lái. Wǒmen zhè tiěbǎnqiáo xià de shuǐlù, jiù zhítōng Dōnghǎi Lónggōng."

悟空高兴得跳起来说："好好好！让俺老孙去
Wùkōng gāoxìng de tiào qǐlái shuō : "Hǎo hǎo hǎo! Ràng ǎn lǎo Sūn qù

试试看！"悟空跳到桥头，念起咒语，使了一个避
shìshi kàn!" Wùkōng tiàodào qiáotóu, niànqǐ zhòuyǔ, shǐ le yí ge bì-

水法，一头钻进水波之中。那河水立刻闪出一条道
shuǐfǎ, yìtóu zuānjìn shuǐbō zhī zhōng. Nà héshuǐ lìkè shǎnchū yì tiáo dào-

路，一直通到东海海底。
lù, yìzhí tōngdào Dōnghǎi hǎidǐ.

이날 원숭이들이 한창 조련을 하고 있는데, 미후왕은 갑자기 기분이 또다시 나빠졌다. "너희들은 모두 마음에 드는 병기가 생겼는데, 나는 아직 없구나." 네 마리의 원로 원숭이가 앞으로 나와 말했다. "대왕은 신선이십니다. 평범한 병기는 당연히 마음에 들 수가 없습니다. 그러나 대왕께서는 물속으로 들어가실 수 있는지요?" 오공이 말했다. "나는 일흔 두 가지로 둔갑하는 법을 익혀, 하늘로 올라갈 때도 길이 있고 땅에 들어갈 때도 문이 있단다. 물도 나를 잠기게 할 수 없고 불도 나를 태울 수 없거늘, 내가 갈 수 없는 곳이 어디에 있겠느냐?" 네 마리의 원로 원숭이가 말했다. "사람들이 종종 용궁에는 보물이 숨겨져 있다고 합니다. 대왕께서는 이미 이와 같은 신통력이 있으면서, 왜 동해 용왕이 계신 곳에 가서 병기를 빌려오지 않으십니까? 저희가 있는 이곳 철판교 아래의 수로가, 바로 동해 용궁으로 직접 통한답니다."

오공은 기뻐 자리에서 벌떡 일어나면서 말했다. "좋아, 좋아, 좋아! 이 손오공님께서 가서 시험해 봐야겠군!" 오공은 다리 어귀에 뛰어 올라 주문을 외우면서, 벽수법을 써서 곧장 물결 속으로 뚫고 들어갔다. 그 강물에 곧 길 하나가 나타나더니 곧장 동해 바다 밑까지 이어졌다.

称心 chènxīn 마음에 맞다, 만족하다 ｜ 凡 fán 평범하다, 보통이다 ｜ 淹 yān 잠기다 ｜ 俺 ǎn 나, 우리 ｜ 神通 shéntōng 신통력 ｜ 避 bì 피하다, 방지하다, 예방하다 ｜ 一头 yìtóu 곧장 ｜ 水波 shuǐbō 물결 ｜ 立刻 lìkè 즉시, 곧 ｜ 闪 shǎn 갑자기 나타나다

悟空正往前走，迎面遇到一个巡海的夜叉[3]，
Wùkōng zhèng wǎng qián zǒu, yíngmiàn yùdào yí ge xún hǎi de Yèchā,

挡住他问："喂！来的是哪一路神仙？"悟空回答：
dǎngzhù tā wèn : "Wèi! Lái de shì nǎ yí lù shénxiān?" Wùkōng huídá :

"我是花果山水帘洞孙悟空，你们老龙王的邻居。"
"Wǒ shì Huāguǒshān Shuǐliándòng Sūn Wùkōng, nǐmen lǎo Lóngwáng de línjū."

那夜叉听说，不敢再盘问，急忙回水晶宫禀报龙王。
Nà Yèchā tīngshuō, bùgǎn zài pánwèn, jímáng huí Shuǐjīnggōng bǐngbào Lóngwáng.

东海龙王敖广虽然没有和孙悟空见过面，但也
Dōnghǎi Lóngwáng Ǎo Guǎng suīrán méiyǒu hé Sūn Wùkōng jiàn guo miàn, dàn yě

听说过花果山有个得道的石猴，所以不敢怠慢，立
tīngshuō guo Huāguǒshān yǒu ge dédào de shí hóu, suǒyǐ bùgǎn dàimàn, lì-

即起身率领龙子龙孙、虾兵蟹将出宫迎接。龙王把
jí qǐshēn shuàilǐng lóng zǐ lóng sūn、xiā bīng xiè jiàng chū gōng yíngjiē. Lóngwáng bǎ

悟空请进龙宫里分宾主坐好，问道："上仙几时得
Wùkōng qǐng jìn Lónggōng li fēn bīnzhǔ zuò hǎo, wèndào : "Shàngxiān jǐ shí dé-

道？来我龙宫有何贵干？"悟空说："我已练就长
dào? Lái wǒ Lónggōng yǒu hé guìgàn?" Wùkōng shuō : "Wǒ yǐ liànjiù cháng

生不老的仙体。近来教儿孙操练武艺，缺少一件称
shēng bù lǎo de xiāntǐ. Jìnlái jiāo érsūn cāoliàn wǔyì, quēshǎo yí jiàn chèn-

心如意的兵器。人都说龙宫藏宝，今天特意来求借
xīn rúyì de bīngqì. Rén dōu shuō Lónggōng cáng bǎo, jīntiān tèyì lái qiú jiè

一件。"
yí jiàn."

 **3** 夜叉 : 범어의 음역. '약차(藥叉)' 또는 '열차(閱叉)'라고도 하며, 불교에서는 대개
병마를 일으키는 흉악한 귀신을 가리킨다.

오공이 막 앞을 향해 나아가는데, 정면에서 바다를 순찰하던 야차를 만났다. 그를 막고 물었다. "여보시오! 오신 분은 어느 곳의 신선이십니까?" 오공이 대답하였다. "나는 화과산 수렴동에서 온 손오공으로, 너희 용왕님의 이웃이다." 그 야차는 말을 듣고 더 이상 따져 묻지 못하고, 황급히 수정궁으로 돌아가 용왕에게 보고하였다.

동해 용왕 오광은 비록 손오공과 만난 적은 없지만, 그도 역시 화과산에 도를 터득한 돌 원숭이가 있다는 소문을 들은 적이 있었다. 그래서 감히 푸대접하지 못하고 즉시 자리에서 일어나 아들과 손자, 새우 병졸과 게 장수들을 이끌고 궁궐에서 나와 맞이하였다. 용왕은 오공을 용궁 안으로 청하고는 손님과 주인으로 나눠 앉고 나서 물었다. "신선님께서는 언제 도를 터득하셨는지요? 저희 용궁은 무슨 일로 오셨습니까?" 오공이 대답하였다. "저는 이미 불로장생할 수 있는 신선의 몸으로 단련을 하였습니다. 최근에는 자손들에게 무예를 가르치는데, 한 가지 제 맘에 꼭 드는 병기가 빠졌답니다. 사람들이 모두 용궁에는 보물이 숨겨져 있다고 하기에, 오늘 일부러 하나 빌리러 오게 되었습니다.

迎面 yíngmiàn 정면 ┃ 巡 xún 순찰하다 ┃ 盘问 pánwèn 끝까지 묻다 ┃ 得道 dédào 도를 터득하다, 깨달음을 얻다 ┃ 怠慢 dàimàn 소홀히 하다, 푸대접하다 ┃ 立即 lìjí 즉시, 당장 ┃ 起身 qǐshēn 자리에서 일어서다 ┃ 率领 shuàilǐng 이끌다. 거느리다 ┃ 迎接 yíngjiē 맞이하다 ┃ 宾主 bīnzhǔ 손님과 주인 ┃ 贵干 guìgàn 용무 ┃ 练就 liànjiù 훈련이나 연습을 하여 몸에 익히다 ┃ 特意 tèyì 특별히, 일부러

龙王一听，不好推辞，就命鳜将军取来一把长
Lóngwáng yì tīng, bùhǎo tuīcí, jiù mìng guì jiāngjūn qǔlái yì bǎ cháng

杆大刀。悟空看了看，摇头说："老孙使不惯刀，
gǎn dà dāo. Wùkōng kàn le kàn, yáotóu shuō : "Lǎo Sūn shǐ bu guàn dāo,

还请另赐一件。"龙王又命鳝力士，抬出一杆九股
hái qǐng lìng cì yí jiàn." Lóngwáng yòu mìng shàn lìshì, táichū yì gǎn jiǔgǔ-

叉来。悟空接在手中，耍了一阵，放下说："轻！
chā lái. Wùkōng jiēzài shǒuzhōng, shuǎ le yízhèn, fàngxià shuō : "Qīng!

轻！轻！还不顺手，请再换一件。"老龙王大吃一惊，
Qīng! Qīng! Hái bú shùnshǒu, qǐng zài huàn yí jiàn." Lǎo Lóngwáng dà chī yì jīng,

因为这九股叉足有三千六百斤重，在这貌不惊人的
yīnwèi zhè jiǔgǔchā zú yǒu sānqiān liùbǎi jīn zhòng, zài zhè mào bù jīng rén de

猴王手里，好像竹棍一样。没办法，只好叫鲂提督、
Hóuwáng shǒuli, hǎoxiàng zhú gùn yíyàng. Méi bànfǎ, zhǐhǎo jiào fáng tídū、

鲤总兵抬出一柄七千二百斤重的方天戟来。悟空见
lǐ zǒngbīng táichū yì bǐng qīqiān èrbǎi jīn zhòng de fāngtiānjǐ lái. Wùkōng jiàn

了，接在手里，又耍弄了一会儿，放下来，说："还
le, jiēzài shǒuli, yòu shuǎnòng le yíhuìr, fàng xiàlái, shuō : "Hái-

是轻啊！"老龙王更加害怕了，说："上仙原谅，
shì qīng a!" Lǎo Lóngwáng gèngjiā hàipà le, shuō : "Shàngxiān yuánliàng,

我宫中只有这根戟最重，实在没有更好的兵器了。"
wǒ gōngzhōng zhǐyǒu zhè gēn jǐ zuì zhòng, shízài méiyǒu gèng hǎo de bīngqì le."

悟空冷笑着说："你这个老头，也太小气了！"龙
Wùkōng lěngxiào zhe shuō : "Nǐ zhè ge lǎotóu, yě tài xiǎoqì le!" Lóng-

王听了，不知如何回答。
wáng tīng le, bù zhī rúhé huídá.

　　용왕은 듣고 거절하기가 어려워 쏘가리 장군에게 명령하여 대가 긴 큰 칼 한 자루를 가져오게 했다. 오공은 보고 또 보더니, 고개를 저으며 말했다. "저는 칼을 쓰는 것이 서투르니, 다른 것으로 하나 하사하여 주십시오." 용왕은 다시 두렁허리 장사에게 명령하여 아홉 갈래로 갈라진 구고차 한 자루를 들고 나오도록 하였다. 오공이 손에 받아 들고는, 한차례 가지고 놀더니 내려놓으며 말했다. "가볍군, 가볍군, 가벼워! 여전히 손에 맞질 않으니, 다른 것으로 바꿔 주십시오." 용왕은 몹시 놀랐다. 왜냐하면 이 구고차는 무게가 족히 삼천육백 근은 되는데, 이렇게 보잘 것 없어 보이는 미후왕의 손에서는 마치 대나무 막대기와 같았기 때문이다. 방법이 없어, 어쩔 수 없이 방어 제독과 잉어 사령관에게 칠천이백 근이나 되는 창 끝이 갈라진 방천극을 가져오도록 했다. 오공이 보고, 손에 받아 들고서 다시 잠시 가지고 놀다가 내려놓으며 말했다. "역시나 가벼워!" 용왕은 더욱 두려워서 말했다. "신선님, 양해해 주십시오. 제 궁궐에는 오로지 이 창이 가장 무거운 것으로, 정말로 더 좋은 병기는 없습니다." 오공이 냉소하며 말했다. "당신이란 노인은 역시나 너무 인색하구려!" 용왕이 듣고는 어떻게 대답해야 할지 몰랐다.

推辞 tuīcí 거절하다 ┃ 鳜 guì 쏘가리 ┃ 摇头 yáotóu 고개를 젓다 ┃ 使不惯 shǐ bu guàn 서투르다, 습관이 되어 있지 않다 ┃ 鳝 shàn 두렁허리 ┃ 顺手 shùnshǒu 맞다, 적합하다 ┃ 斤 jīn 근; 무게의 단위 (1斤은 약 500그램) ┃ 大吃一惊 dà chī yì jīng 몹시 놀라다 ┃ 貌不惊人 mào bù jīng rén 용모나 풍채가 사람의 주의를 끌지 못하다; 보잘 것 없다 ┃ 竹棍 zhú gùn 대나무 막대기 ┃ 鲂 fáng 방어 ┃ 提督 tídū (해군의) 제독 ┃ 鲤 lǐ 잉어 ┃ 总兵 zǒngbīng 군대를 통솔하다, 사령관 ┃ 耍弄 shuǎnòng 가지고 놀다, 농락하다 ┃ 原谅 yuánliàng 양해하다, 용서하다 ┃ 冷笑 lěngxiào 냉소하다, 조소하다 ┃ 老头 lǎotóu 노인, 영감 ┃ 小气 xiǎoqì 인색하다

这时候，躲在后面的龙婆走过来，对龙王耳语
Zhèshíhou, duǒzài hòumian de lóngpó zǒu guòlái, duì Lóngwáng ěryǔ

说："大王，我看这个猴王不是寻常之辈。咱们海
shuō : "Dàwáng, wǒ kàn zhè ge Hóuwáng búshì xúncháng zhī bèi. Zánmen hǎi-

里的那块天河定海神针，这几天一直闪闪发光，也
li de nà kuài Tiānhédìnghǎishénzhēn, zhè jǐ tiān yìzhí shǎnshǎn fāguāng, yě-

许就是这位猴仙应得的宝物。"龙王说："真是妇人
xǔ jiùshì zhè wèi hóuxiān yīngdé de bǎowù." Lóngwáng shuō : "Zhēnshì fùrén

之见。你难道不知道，那是大禹治水 ⁴的时候，测
zhī jiàn. Nǐ nándào bù zhīdào, nà shì Dàyǔ zhì shuǐ de shíhou, cè-

量江河湖海深浅的尺子，是一块神铁，怎么能当兵
liáng jiāng hé hú hǎi shēnqiǎn de chǐzi, shì yí kuài shén tiě, zěnme néng dāng bīng-

器？"龙婆说："你管他能用不能用，他不是要重
qì?" Lóngpó shuō : "Nǐ guǎn tā néng yòng bùnéng yòng, tā búshì yào zhòng

的吗，咱就拿这个大家伙打发他算了。"龙王听夫
de ma, zán jiù ná zhè ge dàjiāhuo dǎfa tā suàn le." Lóngwáng tīng fū-

人说得有理，就把神铁的事告诉给孙悟空。悟空听
rén shuō de yǒulǐ, jiù bǎ shén tiě de shì gàosu gěi Sūn Wùkōng. Wùkōng tīng

了，高兴得连声叫好："快！快拿出来看看！"龙
le, gāoxìng de liánshēng jiào hǎo : "Kuài! Kuài ná chūlái kànkan!" Lóng-

王摇摇手："那神铁扛不动，抬不动。上仙如果喜
wáng yáoyáo shǒu : "Nà shén tiě káng bú dòng, tái bú dòng. Shàngxiān rúguǒ xǐ-

欢，亲自去看吧！"悟空跟着龙王来到龙宫后面，
huan, qīnzì qù kàn ba!" Wùkōng gēnzhe Lóngwáng láidào Lónggōng hòumian,

只见海水里射出万道金光。
zhǐjiàn hǎishuǐ lǐ shèchū wàn dào jīnguāng.

이때 뒤쪽에 숨어 있던 왕비가 걸어와, 용왕에게 귓속말을 하였다. "폐하, 제가 보기에 이 원숭이왕은 범상한 인물이 아닌 것 같습니다. 우리 바다 속에 있는 천하정해신침이, 요 며칠 줄곧 번쩍번쩍 빛을 내고 있는데, 어쩌면 바로 이 원숭이 신선이 응당 가지고 가야하는 보물인 것 같사옵니다." 용왕이 말했다. "정말 아녀자의 소견이로군. 그것은 우임금께서 물을 다스리실 때에 강과 하천, 호수 그리고 바다의 깊이를 쟀던 자라는 것을 설마 모른단 말이오. 그것은 신성한 쇠막대인데 어찌 병기가 될 수 있단 말이오?" 왕비가 말했다. "당신께서는 그가 쓸 수 있는지 없는지를 따지고 계시는데, 그는 무거운 것을 요구하고 있지 않습니까! 우리가 그것을 가져다가 저 사람만 내쫓으면 되지 않겠어요?" 용왕은 부인의 말이 이치에 맞다고 듣고는, 바로 그 신성한 쇠막대 이야기를 손오공에게 해주었다. 오공은 듣고 기뻐서 연신 잘됐다고 소리를 치더니, "빨리! 빨리 꺼내다가 좀 보여주시오!" 라고 하였다. 용왕은 손을 내저었다. "그 신성한 쇠막대는 멜 수도 없고, 들 수도 없습니다. 신선께서 만약 좋으시다면, 직접 가서 보시지요!" 오공은 용왕을 따라서 용궁 뒤편에 이르렀다. 언뜻 보니 바다 속에서 금빛이 만 갈래로 빛나고 있었다.

> **4** **大禹治水** : 우임금은 고대 중국의 명군으로 곤(鯀)의 아들이다. 순(舜)임금의 명으로 부친 곤을 대신하여 치수사업을 펼쳐 중원천지의 홍수를 다스리고 농업을 발전시킨다.

躲 duǒ 숨다 ┃ 婆 pó 처, 마누라 ┃ 耳语 ěryǔ 귓속말(하다) ┃ 寻常 xúncháng 평범하다, 예사롭다 ┃ 辈 bèi 무리, 또래 ┃ 闪闪 shǎnshǎn 번쩍번쩍 하다 ┃ 应得 yīngdé 마땅히 받아야 하다 ┃ 见 jiàn 견해, 생각 ┃ 难道 nándào 설마 ~하겠는가? ┃ 测量 cèliáng 측량하다, 재다 ┃ 深浅 shēnqiǎn 심도, 깊이 ┃ 尺子 chǐzi 자, 척도, 기준 ┃ 家伙 jiāhuo 녀석, 자식, 놈 (사람을 깔보거나 서로 친해서 막 부르는 칭호) ┃ 打发 dǎfa 보내다, 내쫓다 ┃ 摇手 yáoshǒu 손을 (좌우로) 흔들다 ┃ 扛 káng 메다 ┃ 抬 tái 들다, 들어 올리다 ┃ 亲自 qīnzì 직접, 몸소, 친히 ┃ 射出 shèchū 내쏘다

龙王说：“那放光的就是。”悟空上前伸手一摸，
Lóngwáng shuō : "Nà fàngguāng de jiùshì." Wùkōng shàngqián shēnshǒu yì mō,

原来是一根大铁柱子，大约两人粗细，十几丈长。
yuánlái shì yì gēn dàtiě zhùzi, dàyuē liǎng rén cūxì, shí jǐ zhàng cháng.

悟空用力摇摇，左看看，右看看，说：“好是好，
Wùkōng yònglì yáoyao, zuǒ kànkan, yòu kànkan, shuō : "Hǎo shì hǎo,

就是太粗太长了，要是短些细些就好了。”他的话
jiùshì tài cū tài cháng le, yàoshì duǎn xiē xì xiē jiù hǎo le." Tā de huà

刚说完，那铁柱就开始缩短变细。悟空伸手提起来，
gāng shuōwán, nà tiězhù jiù kāishǐ suōduǎn biàn xì. Wùkōng shēnshǒu tí qǐlái,

掂了掂说：“再细一点儿就更好了。”那宝贝真的又细
diān le diān shuō : "Zài xì yìdiǎnr jiù gèng hǎo le." Nà bǎobèi zhēnde yòu xì

了几分。
le jǐ fēn.

　　용왕이 말했다. "저 빛나고 있는 것이 바로 그것입니다." 오공은 앞으로 나아가 손을 내밀어 한 번 만져보았다. 본래 하나의 큰 철기둥으로, 대략 어른 두 명 정도의 굵기에, 열 몇 장 정도의 길이였다. 오공은 힘껏 흔들어 보고, 왼쪽으로 보고 오른쪽으로 살펴보더니 말했다. "좋기는 좋은데, 너무 두껍고 너무 길군. 좀 짧고 조금만 더 가늘다면 좋겠어!" 그의 말이 막 끝나자, 그 철 기둥은 짧게 줄어들고 가늘게 변하기 시작했다. 오공은 손을 내밀어 들어올려, 무게를 가늠하고는 말했다. "좀 더 가늘면 더욱 좋겠군." 그러자 그 보물은 정말 또다시 조금 가늘어 졌다.

放光 fàngguāng 빛나다　|　大约 dàyuē 대략　|　粗细 cūxì 굵기, 두께　|　缩短 suōduǎn 짧게 줄어들다　|　变细 biàn xì 가늘게 변하다　|　掂 diān 손으로 무게를 가늠하다, 손대중하다　|　宝贝 bǎobèi 보물　|　几分 jǐ fēn 좀, 약간

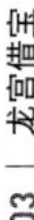

悟空十分高兴，拿在手里仔细观看，原来两头
Wùkōng shífēn gāoxìng, názài shǒuli zǐxì guānkàn, yuánlái liǎng tóu

是两个金箍，中间是一块乌铁，上面刻着一行字：
shì liǎng ge jīngū, zhōngjiān shì yí kuài wūtiě, shàngmian kè zhe yì háng zì :

"如意金箍棒，重一万三千五百斤。"悟空心想，这
"Rúyì jīngūbàng, zhòng yíwàn sānqiān wǔbǎi jīn." Wùkōng xīn xiǎng, zhè

个宝贝既然叫做"如意金箍棒"，一定能按人的心
ge bǎobèi jìrán jiàozuò "Rúyì jīngūbàng", yídìng néng àn rén de xīn-

意，可大可小。他握着金箍棒一边走一边说："再
yì, kě dà kě xiǎo. Tā wò zhe jīngūbàng yìbiān zǒu yìbiān shuō : "Zài

小些!"那金箍棒果然应声小到两丈长短，碗口粗
xiǎo xiē!" Nà jīngūbàng guǒrán yìngshēng xiǎo dào liǎng zhàng chángduǎn, wǎnkǒu cū-

细。
xì.

悟空挥着金箍棒，一路抡耍着回到水晶宫，吓
Wùkōng huī zhe jīngūbàng, yílù lūn shuǎ zhe huídào Shuǐjīnggōng, xià

得老龙王胆战心惊，虾兵蟹将急忙躲闪。悟空收了
de lǎo Lóngwáng dǎn zhàn xīn jīng, xiā bīng xiè jiàng jímáng duǒshǎn. Wùkōng shōu le

金箍棒，坐在老龙王对面，笑着说："多谢厚赠，
jīngūbàng, zuòzài lǎo Lóngwáng duìmiàn, xiào zhe shuō : "Duōxiè hòu zèng,

俺老孙才有了这顺手的家伙。"
ǎn lǎo Sūn cái yǒu le zhè shùnshǒu de jiāhuo."

仔细 zǐxì 꼼꼼하다, 자세하다 ┃ 金箍 jīngū 금테, 황금 띠 ┃ 乌 wū 까마귀, 검다 ┃ 握 wò 쥐다
┃ 应声 yìngshēng 소리와 동시에, 소리가 나자마자 ┃ 长短 chángduǎn 길이 ┃ 挥 huī 휘두르다 ┃
一路 yílù 도중, 노중 ┃ 胆战心惊 dǎn zhàn xīn jīng 놀라고 겁이 나서 벌벌 떨다 ┃ 躲闪 duǒshǎn 몸
을 살짝 비키다(피하다)

오공은 매우 기뻐하며 손에 들고 자세히 들여다 보았다. 알고 보니 양끝에는 두 개의 금테가 둘러져 있고, 중간에는 검은 철로 되어 있는데, 그 위에 '생각대로 되는 금테의 방망이, 무게는 만 삼천오백 근'이라는 글자 한 줄이 새겨져 있었다. 오공은 마음속으로, 이 보물이 기왕 '여의금고봉'이라고 하니, 분명 사람의 마음 대로 커졌다 작아졌다 할 수 있을 것이라고 생각하였다. 그는 여의봉을 손에 쥐고 걸으면서 말했다. "더 작아져라!" 그 여의봉은 과연 소리가 나자마자 두 장 길이로 작아지고, 두께는 사발의 주둥이만해졌다.

오공은 여의봉을 휘두르며, 도중에 가지고 놀면서 수정궁으로 돌아오니, 늙은 용왕은 놀라고 겁이 나서 벌벌 떨었고, 새우 병사와 게 장군은 황급히 몸을 피했다. 오공이 여의봉을 받고, 용왕 맞은편에 앉아 웃으면서 말했다. "후한 것을 주셔서 대단히 감사합니다. 제가 비로소 손에 맞는 이놈의 병기를 갖게 되었네요."

龙王说：“小事一桩，用不着感谢。”悟空说：“不
Lóngwáng shuō : "Xiǎoshì yì zhuāng, yòngbuzháo gǎnxiè." Wùkōng shuō : "Bú-

过，我有了兵器，还少一身盔甲，请再借我一副盔
guò, wǒ yǒu le bīngqì, hái shǎo yì shēn kuījiǎ, qǐng zài jiè wǒ yí fù kuī-

甲。”龙王听说悟空又要借盔甲，心里不高兴，就
jiǎ." Lóngwáng tīngshuō Wùkōng yòu yào jiè kuījiǎ, xīnli bù gāoxìng, jiù

推辞说：“能配上你的盔甲我们这里实在没有，你
tuīcí shuō : "Néng pèishàng nǐ de kuījiǎ wǒmen zhèlǐ shízài méiyǒu, nǐ

还是到别处去借吧！”悟空把金箍棒往地上一戳，
háishi dào biéchù qù jiè ba!" Wùkōng bǎ jīngūbàng wǎng dìshang yì chuō,

说：“我不想再给别人添麻烦，你要是不肯借，我
shuō : "Wǒ bùxiǎng zài gěi biérén tiān máfan, nǐ yàoshì bùkěn jiè, wǒ

今天就不走了。”龙王说：“还请上仙谅解，我这里
jīntiān jiù bù zǒu le." Lóngwáng shuō : "Hái qǐng shàngxiān liàngjiě, wǒ zhèlǐ

真的没有。”悟空说：“真的没有，你可知道这块铁
zhēnde méiyǒu." Wùkōng shuō : "Zhēnde méiyǒu, nǐ kě zhīdào zhè kuài tiě

的厉害！”龙王吓坏了：“上仙不要动手，有话好
de lìhai!" Lóngwáng xiàhuài le : "Shàngxiān búyào dòngshǒu, yǒu huà hǎo

商量。我这里没有，我到我弟弟们那里去找，如果
shāngliáng. Wǒ zhèlǐ méiyǒu, wǒ dào wǒ dìdimen nàli qù zhǎo, rúguǒ

找到，一定马上奉送。”
zhǎodào, yídìng mǎshàng fèngsòng."

桩 zhuāng 건, 가지 (사건이나 일을 세는 데 쓰이는 양사) ┃ 用不着 yòngbuzháo 필요치 않다, 쓸모없다
┃ 盔甲 kuījiǎ 투구와 갑옷 ┃ 实在 shízài 확실히, 정말 ┃ 戳 chuō (끝이 뾰족한 것으로) 찌르다, 똑바
로 세우다 ┃ 添 tiān 보태다 ┃ 麻烦 máfan 폐, 수고 ┃ 谅解 liàngjiě 양해하다 ┃ 厉害 lìhai 지독함,
본때 ┃ 吓坏 xiàhuài 깜짝 놀라게 하다, 몹시 혼나다 ┃ 动手 dòngshǒu 사람을 때리다, 손찌검하다 ┃
商量 shāngliáng 상의하다, 의논하다 ┃ 奉送 fèngsòng (윗사람에게) 드리다

용왕이 "조그만 일 하나로 감사까지 하실 필요 없습니다."라고 말했다. 오공이 말했다. "그런데 나에게 병기는 생겼지만, 여전히 투구와 갑옷이 부족하군. 투구와 갑옷 한 벌을 더 빌려주시오." 용왕은 오공이 또다시 투구와 갑옷을 빌려 달라고 하는 것을 듣자니, 마음이 언짢아서 거절하며 말했다. "당신께 맞는 투구와 갑옷이 이곳에는 정말로 없으니, 당신은 다른 곳에 가서 빌리시지요!" 오공은 여의봉을 땅에 똑바로 세우며 말했다. "나는 다른 사람에게 다시 폐를 끼치고 싶지 않소. 당신이 빌려주지 않는다면, 나는 오늘 가지 않을 것이오." 용왕이 말했다. "신선님, 제발 양해 좀 해주세요. 저희에겐 정말 없습니다." 오공이 말했다. "정말 없다니, 당신은 이 쇠몽둥이의 위력을 잘 알고 있을텐데!" 용왕은 깜짝 놀랐다. "신선님 때리지 마시고, 하실 말씀이 있으시면 대화로 해결하세요. 저희에겐 없으니, 제가 제 동생들이 있는 곳에 가서 찾아보고, 만약 찾게 되면 반드시 곧바로 바치겠습니다."

悟空点头答应，龙王急忙命虾兵蟹将敲起铁鼓，
Wùkōng diǎntóu dāying, Lóngwáng jímáng mìng xiā bīng xiè jiàng qiāoqǐ tiěgǔ,

擂响金钟。钟鼓响过，南海龙王敖钦、北海龙王敖顺、
léi xiǎng jīn zhōng. Zhōnggǔ xiǎng guò, Nánhǎi Lóngwáng Áo Qīn、Běihǎi Lóngwáng Áo Shùn、

西海龙王敖闰应声前来。老龙王迎了出来。南海龙
Xīhǎi Lóngwáng Áo Rùn yìngshēng qiánlái. Lǎo Lóngwáng yíng le chūlái. Nánhǎi Lóng-

王问："大哥，什么事急急忙忙召我们前来？"老
wáng wèn : "Dàgē, shénme shì jíjímángmáng zhào wǒmen qiánlái?" Lǎo

龙王就把孙悟空借宝的事说了一遍。南海龙王听了，
Lóngwáng jiù bǎ Sūn Wùkōng jiè bǎo de shì shuō le yí biàn. Nánhǎi Lóngwáng tīng le,

非常生气："这个猴头实在刁蛮。我们兄弟四人，
fēicháng shēngqì : "Zhè ge hóutóu shízài diāomán. Wǒmen xiōngdì sì rén,

点起四路兵将，将他拿下就是了。"老龙王急忙摆
diǎnqǐ sì lù bīngjiàng, jiāng tā náxià jiùshì le." Lǎo Lóngwáng jímáng bǎi-

手："使不得！使不得！这猴头神通广大，别说
shǒu : "Shǐbude! Shǐbude! Zhè hóutóu shéntōng guǎngdà, bié shuō

拿他，就是那根一万多斤的铁棒，碰着就死定了。"
ná tā, jiùshì nà gēn yíwàn duō jīn de tiěbàng, pèng zhe jiù sǐdìng le."

西海龙王说："二哥，大哥说的是，咱们不能和他
Xīhǎi Lóngwáng shuō : "Èrgē, dàgē shuō de shì, zánmen bùnéng hé tā

动手，好歹凑一副盔甲，打发他走，然后再启奏玉
dòngshǒu, hǎodǎi còu yí fù kuījiǎ, dǎfa tā zǒu, ránhòu zài qǐzòu Yù-

帝，让天兵天将拿他治罪。"北海龙王说："说的
dì, ràng tiānbīng tiānjiàng ná tā zhìzuì." Běihǎi Lóngwáng shuō : "Shuō de

是。我这里有一双藕丝步云履。"
shì. Wǒ zhèlǐ yǒu yì shuāng ǒusī bùyúnlǚ."

　　오공은 고개를 끄덕이며 승낙하였고, 용왕은 급히 새우 병사와 게 장군에게 명령하여 쇠북을 두드리고, 황금 종을 쳐 울리게 하였다. 종과 북소리가 울려 퍼지자, 남해 용왕 오흠, 북해 용왕 오순, 서해 용왕 오윤이 소리가 나자마자 다가왔다. 동해 용왕이 그들을 맞으러 나갔다. 남해 용왕이 묻기를, "형님, 무슨 일로 이리도 급히 저희들을 불러 모으셨습니까?" 동해 용왕은 손오공이 보물을 빌려달라고 한 이야기를 모두 말해주었다. 남해 용왕이 듣고는, 매우 화를 냈다. "그 원숭이놈은 정말로 교활하고 난폭하군요. 우리 형제 네 사람이 사방의 군대를 소집하여 저 녀석을 굴복시키면 되잖아요." 동해 용왕은 급히 손을 내저었다. "안 된다! 안 돼! 그 원숭이놈은 신통력이 대단하니, 그를 잡겠단 말은 하지도 말아라. 저 일만 근이 넘는 쇠몽둥이에 부딪치면 바로 죽는 거야." 서해 용왕이 말했다. "둘째 형님, 큰 형님 말씀이 맞습니다. 우리는 그와 상대가 안 되니, 좌우간 투구와 갑옷 한 벌을 모아서 그를 보내버리고, 그리고 나서 다시 옥황상제님께 아뢰어 천병과 천군의 장수에게 그를 잡아다가 죄를 다스려 벌을 주도록 하지요." 북해 용왕이 말했다. "그 말이 맞습니다. 저에게는 연뿌리에서 나는 실로 만든 보운리 한 켤레가 있습니다."

答应 dāying 승낙하다　|　擂响 léi xiǎng 두드려 울리다　|　前来 qiánlái 다가오다, 저쪽으로부터 오다　|　召 zhào 부르다　|　刁蛮 diāomán 교활하고 포악하다　|　摆手 bǎishǒu 손을 흔들다　|　使不得 shǐbude 써서는 안 된다, 바람직하지 않다　|　广大 guǎngdà 크다, 대단하다　|　拿 ná 붙잡다, 사로잡다, 손에 넣다　|　碰 pèng 부딪치다　|　好歹 hǎodǎi 어쨌든, 좌우간　|　凑 còu 모으다　|　启奏 qǐzòu (왕에게) 아뢰다　|　治罪 zhìzuì 죄를 다스려 벌을 주다　|　藕丝 ǒusī 연뿌리에서 나는 실

西海龙王说：“我带了一副锁子黄金甲。”南海

龙王说：“我有一顶凤翅紫金冠。”老龙王命虾兵蟹

将抬着盔甲，一起回到水晶宫和孙悟空相见。悟空

将金冠、金甲、云履都穿戴整齐，更显得威风凛凛，

神气十足。他双手抱拳打了个拱，说：“多有打扰！”

说完，挥动金箍棒，一路抡耍着出了水晶宫。随着

金箍棒的挥动，海水咆哮，水晶宫震颤，直吓得虾

兵蟹将胆战心惊。那四海龙王虽然气愤，也不敢阻

拦，连忙商议给玉帝写奏本，由东海龙王敖广上天

宫告孙悟空的状。

这一天，玉皇大帝坐在灵霄宝殿，聚集文武官

员早朝议事，听来报：“启禀万岁，东海龙王敖广

有要事求见。”

서해 용왕이 말했다. "저는 황금 쇄자갑을 한 벌 갖고 있어요." 남해 용왕이 말했다. "저는 봉황 깃으로 만든 자금관이 있어요." 동해 용왕은 새우 병사와 게 장군을 시켜 투구와 갑옷을 들게 하여, 함께 수정궁으로 돌아가 손오공과 만났다. 오공은 자금관과 황금갑 그리고 보운리를 단정하게 갖추어 쓰고 입고 신자, 더욱 위풍당당하고 의기양양했다. 그는 두 손을 맞잡아 가슴까지 올려 인사를 하고는 말했다. "폐를 많이 끼쳤소이다!" 말을 마치고는, 여의봉을 휘두르며, 도중에 가지고 놀면서 수정궁을 나갔다. 여의봉의 흔들림에 따라, 바닷물은 포효하고 수정궁이 진동하자, 새우 병사와 게 장군은 놀라 겁이 나서 벌벌 떨었다. 그 사해의 용왕들은 몹시 화가 났지만 감히 그를 제지하지 못하고, 황급히 상의하여 옥황상제에게 상소문을 쓰고, 동해 용왕 오광에게 천궁에 올라가서 손오공의 잘못을 고발하도록 하였다.

이 날, 옥황상제는 영소보전에 앉아 문무백관을 모아 놓고 아침 정사를 논의하고 있다가, "폐하, 동해 용왕 오광이 긴한 일로 폐하를 뵙고자 하옵니다."라는 보고를 들었다.

锁子甲 suǒzǐjiǎ 쇄자갑 (갑옷 속에 받쳐 입는 작은 미늘로 엮어 만든 옷) | 整齐 zhěngqí 단정하다. 깔끔하다 | 威风凛凛 wēifēng lǐnlǐn 위풍이 당당하다 | 神气 shénqì 의기양양함, 우쭐댐 | 抱拳 bàoquán 두 손을 맞잡아 가슴까지 올려 예를 표하다 | 打拱 dǎgǒng 인사하다. 읍하다 | 打扰 dǎrǎo (남의 일에) 지장을 주다. 폐를 끼치다 | 咆哮 páoxiào (맹수가) 포효하다 | 震颤 zhènchàn 무의식적으로 머리·손·몸에 근육의 불규칙한 운동이 일어나다 | 阻拦 zǔlán 저지하다. 억제하다 | 商议 shāngyì 상의하다. 협의하다 | 奏本 zòuběn 상소문 | 告状 gàozhuàng 고소하다. 일러바치다 | 聚集 jùjí 모으다 | 议事 yìshì 공무를 논의하다 | 启禀 qǐbǐng (위에) 알리다

玉帝传旨命敖广上殿。东海龙王叩见玉帝，
Yùdì chuánzhǐ mìng Ǎo Guǎng shàng diàn. Dōnghǎi Lóngwáng kòujiàn Yùdì,

呈上奏章。玉帝一看，原来是状告孙悟空大闹龙宫
chéngshàng zòuzhāng. Yùdì yí kàn, yuánlái shì zhuànggào Sūn Wùkōng dànào Lónggōng

的事。玉帝非常生气，问："哪路神将愿意下界去
de shì. Yùdì fēicháng shēngqì, wèn : "Nǎ lù shénjiàng yuànyì xiàjiè qù

收服这妖猴？"话音未落，太白金星启奏道："这
shōufu zhè yāohóu?" Huàyīn wèi luò, Tàibáijīnxīng qǐzòu dào : "Zhè

石猴虽然在龙宫无礼借宝，但也没有行凶反叛的罪
shí hóu suīrán zài Lónggōng wú lǐ jiè bǎo, dàn yě méiyǒu xíngxiōng fǎnpàn de zuì-

行。他既然是天生地成，也算是一位神仙，万岁不
xíng. Tā jìrán shì tiān shēng dì chéng, yě suàn shì yí wèi shénxiān, wànsuì bù-

如降一道招安圣旨，把他招到天上，大小授他一个
rú jiàng yí dào zhāo'ān shèngzhǐ, bǎ tā zhāodào tiānshàng, dàxiǎo shòu tā yí ge

官职。他要是有功可以提升，如果不服管教，可以
guānzhí. Tā yàoshì yǒu gōng kěyǐ tíshēng, rúguǒ bù fú guǎnjiào, kěyǐ

革职问罪。这样，一来显得万岁以德服人，二来也
gézhí wèn zuì. Zhèyàng, yì lái xiǎnde wànsuì yǐ dé fúrén, èr lái yě

省得兴师动众。"玉帝听了，非常满意，就派太白
shěng de xīng shī dòng zhòng." Yùdì tīng le, fēicháng mǎnyì, jiù pài Tàibái

金星下界到花果山去招安妖猴。
jīnxīng xiàjiè dào Huāguǒshān qù zhāo'ān yāohóu.

传旨 chuánzhǐ 내각이 황제의 유시를 전달하다 ｜ 叩见 kòujiàn 만나보다 ｜ 呈上 chéngshàng 바치다. 올리다 ｜ 路 lù 종류. 부류 ｜ 下界 xiàjiè 인간 세상에 내려오다 ｜ 收服 shōufu 퇴치하다. 굴복시키다 ｜ 行凶 xíngxiōng 사람을 해치다 ｜ 反叛 fǎnpàn 모반을 일으키다 ｜ 罪行 zuìxíng 범죄행위 ｜ 招安 zhāo'ān 자기 편으로 끌어들이다. 복종시키다 ｜ 提升 tíshēng 진급시키다. 발탁하다 ｜ 管教 guǎnjiào (예의범절을) 가르침. 통제하여 교도하다 ｜ 革职 gézhí 파면하다 ｜ 兴师动众 xīng shī dòng zhòng 군대를 일으키고 대중을 동원하다 ｜ 派 pài 파견하다

옥황상제는 내각을 통하여 오광을 어전에 들라는 명을 전하였다. 동해 용왕은 옥황상제를 만나 뵙고는, 상소문을 올렸다. 옥황상제가 보니, 바로 손오공이 용궁을 소란스럽게 한 것을 고발하는 것이었다. 옥황상제는 몹시 진노하며 물었다. "어느 선장이 인간 세계에 내려가 저 요망한 원숭이놈을 굴복시키겠느냐?" 말소리가 사라지기도 전에, 태백금성이 아뢰었다. "이 돌 원숭이는 비록 용궁에서 무례하게 보물을 빌리긴 하였지만, 사람을 해치거나 모반을 꾀하는 죄를 짓지는 않았습니다. 그는 이미 하늘이 낳고 땅이 길러 주었기에 신선이라 할 수 있으니, 폐하께서 그를 끌어들이는 성지를 내리시어, 하늘로 불러들여 적당한 관직 하나를 주시는 것이 나을 듯합니다. 그가 만약에 공로가 있으면 승진시켜 주시고, 만약에 예의범절을 거역한다면, 죄를 물어 파면하시면 됩니다. 이렇게 하시면 첫째로 폐하께서 덕으로써 사람을 감복시키는 것처럼 보이고, 둘째로는 군대를 일으켜 많은 사람을 동원하는 일을 줄일 수 있습니다." 옥황상제는 듣고 매우 흡족하여, 즉시 태백금성을 파견하여 인간세계인 화과산으로 가서 요망한 원숭이를 끌어들이도록 하였다.

太白金星领了旨，出了南天门，直奔花果山水
Tàibáijīnxīng lǐng le zhǐ, chū le Nántiānmén, zhí bèn Huāguǒshān Shuǐ-

帘洞。只见花果山云雾缭绕，青松翠柏，好一处世
liándòng. Zhǐjiàn Huāguǒshān yúnwù liáorào, qīng sōng cuì bǎi, hǎo yíchù shì-

外桃源。他按落云头，对守洞的小猴说："我是玉
wài táoyuán. Tā àn luò yúntóu, duì shǒu dòng de xiǎo hóu shuō : "Wǒ shì Yù-

帝派来的使者，请你们大王上天宫。"
dì pài lái de shǐzhě, qǐng nǐmen Dàwáng shàng tiāngōng."

守洞小猴急忙向洞里传报，孙悟空听了，非常
Shǒu dòng xiǎo hóu jímáng xiàng dòngli chuánbào, Sūn Wùkōng tīng le, fēicháng

高兴，说："我这两天正想上天去玩玩儿。"于是出
gāoxìng, shuō : "Wǒ zhè liǎng tiān zhèng xiǎng shàngtiān qù wánwánr." Yúshì chū-

门迎接太白金星。太白金星进洞来，从怀里取出诏
mén yíngjiē Tàibáijīnxīng. Tàibáijīnxīng jìn dòng lái, cóng huáili qǔchū zhào-

书，说："我是太白金星，奉玉帝招安圣旨，特请
shū, shuō : "Wǒ shì Tàibáijīnxīng, fèng Yùdì zhāo'ān shèngzhǐ, tè qǐng

你上天宫，拜官受职。"悟空接了圣旨，叫道："小
nǐ shàng tiāngōng, bài guān shòu zhí." Wùkōng jiē le shèngzhǐ, jiào dào : "Xiǎo-

的们，快快摆开宴席！"太白金星说："圣旨在身，
demen, kuàikuài bǎikāi yànxí!" Tàibáijīnxīng shuō : "Shèngzhǐ zài shēn,

不敢久留，就请大王一同上天复旨吧！"悟空马上
bùgǎn jiǔ liú, jiù qǐng Dàwáng yìtóng shàngtiān fù zhǐ ba!" Wùkōng mǎshàng

吩咐手下掌管洞府，跟随太白金星驾起祥云上天见
fēnfù shǒuxià zhǎngguǎn dòngfǔ, gēnsuí Tàibáijīnxīng jià qǐ xiángyún shàngtiān jiàn

玉帝去了。
Yùdì qù le.

태백금성은 왕의 뜻을 받들어 남천문을 나와, 곧장 화과산 수렴동으로 갔다. 언뜻 보니 화과산은 구름과 안개가 피어오르고 새파란 소나무와 청록 측백나무가 있는, 속세를 벗어난 무릉도원이었다. 그는 구름을 누르고 내려와 동굴을 지키는 졸개 원숭이에게 말했다. "나는 옥황상제님께서 보낸 사자로, 너희 대왕을 천궁으로 모셔가려고 한다."

동굴을 지키던 졸개 원숭이가 급히 동굴 안에 이 사실을 보고하였고, 손오공은 이를 듣고 몹시 기뻐하며 말했다. "내 요 며칠 마침 하늘에 올라가 좀 놀아볼까 생각하던 참이었다." 그리하여 문을 나가 태백금성을 맞이하였다. 태백금성은 동굴 안으로 들어와, 품속에서 조서를 꺼내며 말했다. "저는 태백금성이라 합니다. 옥황상제님의 성지를 받들어, 특별히 당신을 천궁으로 모셔 관직에 임명하고자 합니다." 오공은 성지를 받고 말했다. "얘들아, 어서 빨리 연회를 벌여라!" 태백금성이 말했다. "성지를 받들고 있는 몸인지라, 감히 오래 머무를 수 없습니다. 대왕께서는 함께 하늘로 올라가 옥황상제님의 부름에 응하십시오!" 오공은 즉시 수하 원숭이에게 수렴동의 관리를 분부하고, 태백금성을 따라 상서로운 구름을 몰고 옥황상제를 만나러 하늘로 올라갔다.

领旨 lǐngzhǐ 윗사람의 뜻을 받들다 ｜ 云雾 yúnwù 구름과 안개 ｜ 世外 shìwài 속세를 벗어난 ｜ 桃源 táoyuán 별천지, 이상향, 무릉도원 ｜ 使者 shǐzhě 사자, 사신 ｜ 诏书 zhàoshū 조서 ｜ 拜官受职 bài guān shòu zhí 관직에 임명되다 ｜ 摆开 bǎikāi 펴놓다 ｜ 久留 jiǔ liú 오랫동안 머무르다 ｜ 吩咐 fēnfù 분부하다, 시키다 ｜ 掌管 zhǎngguǎn 맡아보다, 주관하다 ｜ 祥云 xiángyún 상서로운 구름

1 **본문을 읽고 다음 물음에 답하시오.**

(1) 孙悟空驾起筋斗云，来到傲来国。孙悟空为什么要去傲来国呢？

    A. 找人   B. 观光   C. 买兵器

(2) 东海龙王敖广为什么不敢怠慢孙悟空？

    A. 因为他和孙悟空见过面

    B. 因为东海龙王待人本来就谦恭有礼

    C. 因为他听说过花果山有个得道的石猴

(3) 孙悟空在龙宫里得到的宝物，不包含下列何者？

    A. 筋斗云   B. 藕丝步云履   C. 锁子黄金甲

2 **다음 문장을 자연스러운 우리말로 옮기시오.**

(1) 他往下一看，那里万户千家，人来人往，买卖生意，红红火火。

    ➡

(2) 你管他能用不能用，他不是要重的吗，咱就拿这个大家伙打发他算了。

    ➡

3 **녹음을 듣고 빈칸에 들어갈 말을 써 넣으시오.**

(1) 每天领着他们练习武艺，演习(　　　　)，研究兵法，把一群乌合
之众训练得(　　　　　　)。

(2) 悟空挥着金箍棒，(　　　　)抡耍着回到水晶宫，吓得老龙王
(　　　　　　)，虾兵蟹将急忙躲闪。

(3) 他既然是(　　　　　　)，也算是一位神仙，万岁不如降一道
(　　)圣旨，把他招到天上，大小授他一个官职。

4 **다음 문장을 자연스러운 중국어로 옮기시오.**

(1) 조그만 일 하나로, 감사까지 하실 필요 없습니다.

➡

(2) 저 돌 원숭이는 비록 용궁에서 무례하게 보물을 빌리긴 하였지만,
사람을 해치거나 모반을 꾀하는 죄를 짓지는 않았습니다.

➡

齐天大圣

话说孙悟空和太白金星出了水帘洞，一起驾着
Huà shuō Sūn Wùkōng hé Tàibáijīnxīng chū le Shuǐliándòng, yìqǐ jià zhe

祥云前往灵霄宝殿。孙悟空是个急性子，加上他的
xiángyún qiánwǎng Língxiāobǎodiàn. Sūn Wùkōng shì ge jíxìngzi, jiāshàng tā de

筋斗云速度特别快，一个筋斗就把太白金星甩在了
jīndǒuyún sùdù tèbié kuài, yí ge jīndǒu jiù bǎ Tàibáijīnxīng shuǎizài le

后面。他先到了南天门，正要进去，却被守门的兵
hòumian. Tā xiān dào le Nántiānmén, zhèngyào jìnqù, què bèi shǒu mén de bīng-

将挡住。悟空哪受过这样的对待，恨恨地说："这
jiàng dǎngzhù. Wùkōng nǎ shòu guo zhèyàng de duìdài, hènhèn de shuō："Zhè

个金星老儿，这么大年纪还骗人。既是请俺老孙来，
ge Jīnxīng lǎor, zhème dàniánjì hái piànrén. Jìshì qǐng ǎn lǎo Sūn lái,

为什么又叫人阻拦？"正在吵闹，太白金星气喘吁
wèishénme yòu jiào rén zǔlán？" Zhèngzài chǎonào, Tàibáijīnxīng qì chuǎn xū-

吁地赶到了。悟空一把扯住他："你这个老家伙，
xū de gǎndào le. Wùkōng yì bǎ chězhù tā："Nǐ zhè ge lǎojiāhuo,

怎么哄起老孙来了？玉帝老儿既然传旨请我，为什
zěnme hǒngqǐ lǎo Sūn lái le? Yùdì lǎor jìrán chuánzhǐ qǐng wǒ, wèishén-

么不让我进门？"
me bú ràng wǒ jìn mén？"

제천대성

　한편, 손오공과 태백금성은 수렴동을 나와, 같이 상서로운 구름을 몰고 영소보전을 향해 갔다. 손오공은 성급한 사람인데다가 그의 근두운 속도는 매우 빨라서, 근두운은 태백금성을 뒤쪽에 떨어뜨려 놓았다. 손오공이 먼저 남천문에 도착하여 막 들어가려고 하는데, 문을 지키던 병사와 장수에게 저지당했다. 이런 대접을 어디서도 받아본 적이 없던 오공은 분개하며 말했다. "저 금성 늙은이가 이렇게 나이를 먹어서도 사람을 속이다니. 나 손오공을 오라고 청해놓고, 왜 사람들을 시켜 막는 거야?" 한창 소란을 피우고 있는데, 태백금성이 가쁜 숨을 몰아쉬며 서둘러 도착했다. 오공은 한 주먹으로 그를 붙잡으며 "이 늙은 영감쟁이야, 어찌 나를 속여 오라고 한 거냐? 옥황상제 늙은이가 성지를 전해 나를 청했다더니, 왜 나를 문으로 들어가지 못하게 하는 거야?"

话说 huà shuō 한편 ｜ **甩** shuǎi 떨어뜨리다, 떼어놓다 ｜ **挡住** dǎngzhù 저지하다, 막다 ｜ **对待** duìdài 대우하다, 접대하다 ｜ **恨恨** hènhèn 한탄하여 마지않는 모양, 분개하고 원망하는 모양 ｜ **骗人** piànrén 사람을 속이다 ｜ **吵闹** chǎonào (큰소리로) 말다툼하다, 소란을 피우다 ｜ **气喘吁吁** qì chuǎn xū xū 숨이 차다, 씩씩 가쁜 숨을 몰아쉬다 ｜ **赶到** gǎndào 서둘러 도착하다 ｜ **一把** yì bǎ 한 움큼, 한 주먹 ｜ **扯住** chězhù 붙잡다 ｜ **哄** hǒng 속이다

太白金星连忙赔笑说："大王息怒。你头一次
Tàibáijīnxīng liánmáng péixiào shuō : "Dàwáng xīnù. Nǐ tóu yí cì

上天庭，天将们不认识你，你又没有带着圣旨，所
shàng tiāntíng, tiānjiàngmen bú rènshi nǐ, nǐ yòu méiyǒu dài zhe shèngzhǐ, suǒ-

以不能放你进去。等咱们见了玉帝，封了你官职，
yǐ bùnéng fàng nǐ jìnqù. Děng zánmen jiàn le Yùdì, fēng le nǐ guānzhí,

这南天门随你出入。"悟空满肚子的不高兴，转身
zhè Nántiānmén suí nǐ chūrù." Wùkōng mǎndùzi de bù gāoxìng, zhuǎnshēn

要回花果山。太白金星一把拉住他，说："既然来了，
yào huí Huāguǒshān. Tàibáijīnxīng yì bǎ lāzhù tā, shuō : "Jìrán lái le,

就随我去见玉帝吧！"
jiù suí wǒ qù jiàn Yùdì ba!"

孙悟空头一次来到天宫，只见那宝殿金碧辉煌，
Sūn Wùkōng tóu yí cì láidào tiāngōng, zhǐjiàn nà bǎodiàn jīn bì huīhuáng,

看得他眼花缭乱。太白金星拉着他拜见玉帝。玉帝
kàn de tā yǎn huā liáoluàn. Tàibáijīnxīng lā zhe tā bàijiàn Yùdì. Yùdì

问："哪个是花果山的妖仙？"悟空也不下跪，只
wèn : "Nǎ ge shì Huāguǒshān de yāoxiān?" Wùkōng yě bú xiàguì, zhǐ-

是弯弯腰说："老孙便是。"在场的各位神仙听了，
shì wānwān yāo shuō : "Lǎo Sūn biàn shì." Zài chǎng de gèwèi shénxiān tīng le,

大吃一惊："这个野猴，不懂礼数！"玉帝听见了，
dà chī yì jīng : "Zhè ge yě hóu, bù dǒng lǐshù!" Yùdì tīngjiàn le,

说："孙悟空本是山野中的妖仙，朕 ¹ 不怪罪。"太
shuō : "Sūn Wùkōng běn shì shānyě zhōng de yāoxiān, zhèn bú guài zuì." Tài-

白金星示意悟空"谢恩"，悟空抱了抱拳，算是谢
báijīnxīng shìyì Wùkōng "xiè'ēn", Wùkōng bào le bàoquán, suànshì xiè

过了恩。
guo le ēn.

태백금성은 얼른 웃는 낯으로 말했다. "대왕, 노여움을 푸세요. 당신이 처음으로 하늘에 왔기에, 천군의 장수들이 당신을 알아보지 못하였고, 당신 또한 성지를 가지고 있지 않으니, 당신을 들어가도록 놔둘 수 없는 것입니다. 우리가 옥황상제님을 뵙고 당신에게 관직이 내려지고 나면, 이 남천문은 당신 마음대로 드나들 수 있습니다." 오공은 뱃속 가득히 화가 나서, 몸을 돌려 화과산으로 돌아가려 하였다. 태백금성은 덥석 그를 끌어당겨 잡고 말했다. "기왕 오셨으니, 저를 따라 옥황상제님을 뵈러 가시죠!"

손오공이 처음으로 천궁에 와 보니, 궁전은 금빛과 푸른빛이 눈부시게 화려하고, 눈앞이 아물아물하여 어지러웠다. 태백금성은 오공을 끌어다가 옥황상제를 알현하였다. 옥황상제가 물었다. "누가 화과산의 요망한 신선인고?" 오공은 무릎도 꿇지 않고, 다만 허리를 굽히고 말했다. "제가 손가입니다." 그 장소에 있던 모든 신선들이 이를 듣고 몹시 놀랐다. "저 발칙한 원숭이놈이, 예의라고는 모르는구나!" 옥황상제는 이를 듣고 말했다. "손오공은 본시 초야에 사는 요망한 신선이니, 짐은 그를 책망하지 않겠노라." 태백금성이 오공에게 '은혜에 대한 감사'를 올리라고 하자, 오공은 두 손을 맞잡아 가슴에 올리는 것으로, 은혜에 대해 감사의 인사를 대신한 것으로 하였다.

1 朕 : 옛 사람들이 자기 자신을 지칭하던 말이었으나, 진시황제 시대부터 황제만이 자기 자신을 지칭할 수 있는 말이 되었다.

赔笑 péixiào 웃는 낯으로 대하다 ❙ 息怒 xīnù 성을 가라앉히다. 성이 풀리다 ❙ 满肚子 mǎndùzi 뱃속 가득. 마음에 가득하다 ❙ 拉住 lāzhù 끌어당겨서 붙잡다 ❙ 辉煌 huīhuáng 휘황찬란하다, 눈부시다 ❙ 缭乱 liáoluàn 얽히어 어지럽다 ❙ 下跪 xiàguì 무릎을 꿇다, 꿇어앉다 ❙ 弯腰 wānwān 허리를 굽히다. 허리를 굽혀 절하다 ❙ 礼数 lǐshù 예의, 예절 ❙ 示意 shìyì (표정·동작·함축어·도형 따위로) 의사를 표시하다 ❙ 谢恩 xiè'ēn 은혜에 감사하다

玉帝问掌管天庭官员的神仙：“现在还有哪处
Yùdì wèn zhǎngguǎn tiāntíng guānyuán de shénxiān : "Xiànzài háiyǒu nǎ chù

有空闲官职，可以让孙悟空去担任？”神仙回答：
yǒu kōngxián guānzhí, kěyǐ ràng Sūn Wùkōng qù dānrèn?" Shénxiān huídá :

“别处官职都满员了，只有御马监[2]缺一个管事的。”
"Bié chù guānzhí dōu mǎn yuán le, zhǐyǒu Yùmǎjiān quē yí ge guǎn shì de."

玉帝就下旨，封孙悟空到御马监去当“弼马温[3]”。
Yùdì jiù xià zhǐ, fēng Sūn Wùkōng dào Yùmǎjiān qù dāng "Bìmǎwēn".

孙悟空也不知道这弼马温是多大的官职，高高兴兴
Sūn Wùkōng yě bù zhīdào zhè Bìmǎwēn shì duōdà de guānzhí, gāogāoxìngxìng

来到御马监上任。这御马监养了天马上千匹，猴王
láidào Yùmǎjiān shàngrèn. Zhè Yùmǎjiān yǎng le tiāngmǎ shàng qiān pǐ, Hóuwáng

查看登记册，清点马匹数量，接见大小官员，从此
chákàn dēng jìcè, qīngdiǎn mǎpǐ shùliàng, jiējiàn dàxiǎo guānyuán, cóngcǐ

一心一意管理起御马来。不到半个月，把上千匹御
yì xīn yí yì guǎnlǐ qǐ yùmǎ lái. Bú dào bàn ge yuè, bǎ shàng qiān pǐ yù-

马喂得毛光膘肥。
mǎ wèi de máo guāng biāoféi.

这一天，御马监的大小官员置办了一桌酒席，
Zhè yì tiān, Yùmǎjiān de dàxiǎo guānyuán zhìbàn le yì zhuō jiǔxí,

宴请猴王。猴王喝了几杯酒，问众人：“我当的这‘弼
yànqǐng Hóuwáng. Hóuwáng hē le jǐ bēi jiǔ, wèn zhòngrén : "Wǒ dāng de zhè 'Bì-

马温’是几品官？”众人回答：“没有品。”猴王说：
mǎwēn' shì jǐ pǐn guān?" Zhòngrén huídá : "Méiyǒu pǐn." Hóuwáng shuō :

“没有品，一定是官级太大了吧！”
"Méiyǒu pǐn, yídìng shì guānjí tài dà le ba!"

옥황상제는 하늘의 관원들을 관리하는 신선에게 물었다. "지금 어느 곳에 관직 자리가 비어있어, 손오공더러 가서 맡으라고 할 수 있는고?" 신선이 대답하였다. "다른 관직은 모두 인원이 찼고, 다만 어마감에 책임자 자리가 하나 비어 있습니다." 옥황상제는 바로 분부를 내려, 손오공을 어마감에 가서 '필마온'의 일을 맡도록 임명하였다. 손오공도 이 '필마온'이 얼마나 높은 관직인지도 모른 채, 몹시 기뻐하며 어마감에 부임하였다. 이 어마감에서는 천 필이나 되는 천마를 기르고 있었다. 미후왕은 등기장부를 조사하여 말의 수를 일일이 점검하고, 높고 낮은 관리들을 접견하며, 이때부터 온 정성을 다해서 상제의 말을 관리하기 시작했다. 보름도 되지 않아 천 마리나 되는 상제의 말들을 잘 길러 털에 윤기가 나고 살이 쪘다.

하루는 어마감의 높고 낮은 관리들이 술자리를 마련하여 미후왕을 초대하였다. 미후왕은 술을 몇 잔 마시고는, 사람들에게 물었다. "내가 맡고 있는 이 '필마온'은 몇 품계나 되는 관직이오?" 사람들이 대답하였다. "품계가 없습니다." 미후왕이 말했다. "품계가 없다니, 필시 등급이 너무 높기 때문이겠구나!"

2 **御马监** : 옥황상제가 타는 말을 관리하는 관청

3 **弼马温** : 중국어의 발음 유사성을 이용한 벼슬 이름. 옛날 민간에서는 말이 병에 걸리는 것을 원숭이가 막아준다는 전설이 있어, '말이 걸리는 병을 막는다는 뜻'의 '피마온(避馬瘟)'이 벼슬의 이름으로 사용되었다.

空闲 kōngxián 비어 있다 | 上任 shàngrèn 부임하다 | 上千 shàng qiān 천이나 되다 | 清点 qīngdiǎn 철저하게 점검하다, 하나하나 조사하다 | 一心一意 yì xīn yí yì 일편단심으로, 전심으로 | 喂 wèi (동물에게) 먹이를 주다, 기르다 | 膘肥 biāoféi (살쪄서) 뚱뚱하다, 비만하다 | 宴请 yànqǐng 잔치를 베풀어 손님을 초대하다 | 众人 zhòngrén 많은 사람, 뭇사람 | 品 pǐn 품계, 등급

众人说：“不大，是个不入品的小芝麻官。马
Zhòngrén shuō : "Bú dà, shì ge bú rù pǐn de xiǎo zhīmaguān. Mǎ

养得好，得到一声称赞，喂不好就要受到责罚。”
yǎng de hǎo, dédào yì shēng chēngzàn, wèi bùhǎo jiùyào shòudào zéfá."

猴王听了，一腔怒火爆发出来：“这玉帝老儿太轻
Hóuwáng tīng le, yì qiāng nùhuǒ bàofā chūlái : "Zhè Yùdì lǎor tài qīng-

视俺了，俺老孙在花果山称王，怎么能替他养马！
shì ǎn le, ǎn lǎo Sūn zài Huāguǒshān chēng wáng, zěnme néng tì tā yǎng mǎ!

老孙我不干了！”说着，哗啦一声把桌子一掀，从
Lǎo Sūn wǒ bú gàn le!" Shuō zhe, huālā yì shēng bǎ zhuōzi yì xiān, cóng

耳朵里取出金箍棒，一晃两晃，变成碗口粗细，抡
ěrduo li qǔchū jīngūbàng, yí huàng liǎng huàng, biànchéng wǎnkǒu cūxì, lūn

得浑圆，直奔南天门而去。
de húnyuán, zhíbèn Nántiānmén ér qù.

　　사람들이 말했다. "높지 않습니다. 품계에 못 드는 말단 관리입니다. 말을 잘
기르면 칭찬 한마디 듣는 것이고, 잘못 기르면 바로 벌을 받게 된답니다." 미후왕
은 이를 듣고, 가슴 속에 가득 찬 불같은 분노가 폭발했다. "이 옥황상제 늙은이
가 나를 너무 얕잡아 보았군, 나 손오공님은 화과산에서 대왕이라 불리는데, 어찌
자신을 위해 말이나 기르게 한단 말이냐! 손오공님은 하지 않겠다!" 말을 하면서
술상을 와르르 소리 나도록 뒤집고는, 귓속에서 여의봉을 꺼내 눈 깜짝할 사이에
사발 주둥이 굵기만 하게 만들고, 둥글에 빙빙 휘두르더니, 곧장 남천문으로 내달
렸다.

小芝麻官 xiǎo zhīmaguān 조그마한 말단 관리 ┃ 责罚 zéfá 처벌하다, 징벌하다 ┃ 一腔 yì qiāng 가슴
속에 가득 찬 ┃ 怒火 nùhuǒ 불같은 분노 ┃ 爆发 bàofā 폭발하다 ┃ 轻视 qīngshì 업신여기다 ┃
替 tì ～를 위하여 ┃ 哗啦 huālā 와르르 (무너지는 소리) ┃ 掀 xiān (손으로) 높이 쳐들다, 젖히다 ┃
一晃 yí huàng 어느새, 눈 깜작할 사이에 ┃ 浑圆 húnyuán 둥글다, 동그랗다

把守南天门的兵将看他气势汹汹，不敢阻挡，
Bǎ shǒu Nántiānmén de bīngjiàng kàn tā qìshì xiōngxiōng, bùgǎn zǔdǎng,

由他打出南天门去了。猴王一个筋斗云回到花果山
yóu tā dǎ chū Nántiānmén qù le. Hóuwáng yí ge jīndǒuyún huídào Huāguǒshān

上，众猴子都围拢过来，问长问短。正说着，有小
shang, zhòng hóuzi dōu wéilǒng guòlái, wèn cháng wèn duǎn. Zhèng shuō zhe, yǒu xiǎo

猴报告："山下有两个独角鬼前来拜见。"猴王说："快
hóu bàogào : "Shānxià yǒu liǎng ge dújiǎoguǐ qiánlái bàijiàn." Hóuwáng shuō : "Kuài

请。"两个独角鬼进来给猴王行礼，献上赭黄长袍
qǐng." Liǎng ge dújiǎoguǐ jìnlái gěi Hóuwáng xínglǐ, xiànshàng zhěhuáng chángpáo

一件。猴王跟两个独角鬼说起当弼马温受屈辱的事。
yí jiàn. Hóuwáng gēn liǎng ge dújiǎoguǐ shuōqǐ dāng Bìmǎwēn shòu qūrǔ de shì.

两鬼说："就凭大王的神通，怎能屈尊给他们养马，
Liǎng guǐ shuō : "Jiù píng Dàwáng de shéntōng, zěn néng qūzūn gěi tāmen yǎng mǎ,

倒不如在花果山做个'齐天大圣'，与那玉帝老儿
dào bùrú zài Huāguǒshān zuò ge 'Qítiāndàshèng', yǔ nà Yùdì lǎor

一般高，有什么不可以？"
yìbān gāo, yǒu shénme bù kěyǐ?"

猴王听了，非常高兴，连声说："好好好！我
Hóuwáng tīng le, fēicháng gāoxìng, liánshēng shuō : "Hǎo hǎo hǎo! Wǒ

就做个齐天大圣，看他玉帝老儿能把我怎么样！"
jiù zuò ge Qítiāndàshèng, kàn tā Yùdì lǎor néng bǎ wǒ zěnmeyàng!"

接着命令手下赶快置办一面锦旗，绣上"齐天大圣"
Jiēzhe mìnglìng shǒuxià gǎnkuài zhìbàn yí miàn jǐnqí, xiùshàng "Qítiāndàshèng"

四个大字，挂在旗杆上。
sì ge dàzì, guàzài qígān shang.

남천문을 지키던 병사와 장수는 그가 화가 나서 씩씩거리는 모습을 보고는, 감히 가로막지 못하고 오공이 남천문을 나가도록 하였다. 미후왕의 근두운이 화과산으로 돌아오자, 원숭이들이 모두 모여들어 꼬치꼬치 캐물었다. 한창 말하고 있을 때, 졸개 원숭이 하나가 보고를 하였다. "산 아래 사는 독각귀 두 분이 대왕님을 뵈러 왔습니다." 미후왕이 말했다. "어서 모시도록 해라." 두 독각귀는 들어와 미후왕에게 인사하고, 자황 장포 한 벌을 바쳤다. 미후왕은 두 독각귀에게 필마온의 직책을 맡아 모욕당한 일을 이야기했다. 두 귀신이 말했다. "대왕님의 신통력으로, 어찌 몸을 낮춰 남의 말이나 길러 줄 수 있습니까, 오히려 화과산에서 '제천대성'으로 계시는 것이 낫습니다. 그 옥황상제 늙은이처럼 높아져서 안 될 게 뭐 있습니까?"

미후왕은 이를 듣고, 매우 기뻐하며 연거푸 말했다. "좋다, 좋아, 좋아! 내 당장 제천대성이 되어, 옥황상제 늙은이가 나를 어떻게 할런지 봐야겠다!" 그리고는 이어서 부하들에게 명령하여 얼른 우승기 하나를 준비하여, '제천대성'이라는 네 글자를 크게 수놓아, 깃대에 걸라고 명령하였다.

气势汹汹 qìshì xiōngxiōng 노해서 씩씩거리다, 서슬이 시퍼렇다 | 围拢 wéilǒng 주위에 모여들다 | 问长问短 wèn cháng wèn duǎn 이것저것 자세히 묻다, 꼬치꼬치 캐묻다 | 行礼 xínglǐ 인사를 하다 | 献 xiàn 바치다 | 赭黄 zhěhuáng 진흙이 섞인 갈청광 | 屈辱 qūrǔ 모욕을 받다 | 凭 píng 의지하다, 의거하다 | 屈尊 qūzūn 몸을 낮추어서 ~하다, 억지로 참고 ~하다 | 一般 yìbān 같다, 어슷비슷하다 | 命令 mìnglìng 명령하다 | 锦旗 jǐnqí 우승기 | 绣 xiù 수놓다 | 挂 guà 걸다 | 旗杆 qígān 깃대

再说天宫里，玉皇大帝第二天早朝，接到奏报，
Zàishuō tiāngōng li, Yùhuángdàdì dì èr tiān zǎocháo, jiēdào zòubào,

说孙悟空嫌弼马温官职太小，昨天一路打出天宫，
shuō Sūn Wùkōng xián Bìmǎwēn guānzhí tài xiǎo, zuótiān yílù dǎchū tiāngōng,

回花果山去了。玉帝大怒，立即传旨，命托塔李天
huí Huāguǒshān qù le. Yùdì dànù, lìjí chuánzhǐ, mìng Tuōtǎ Lǐ tiān-

王为降魔大元帅，哪吒三太子陪同，带领天兵天将
wáng wéi Xiángmó dàyuánshuài, Nézhā sān tàizǐ péitóng, dàilǐng tiānbīng tiānjiàng

去花果山捉拿妖猴。
qù Huāguǒshān zhuōná yāo hóu.

李天王和哪吒立即点起三军，命巨灵神[4]为先
Lǐ tiānwáng hé Nézhā lìjí diǎnqǐ sānjūn, mìng Jùlíngshén wéi xiān-

锋，浩浩荡荡，腾云驾雾来到花果山。巨灵神是个
fēng, hàohàodàngdàng, téng yún jià wù láidào Huāguǒshān. Jùlíngshén shì ge

身材高大的大力士，使的兵器是一柄大斧。他来到
shēncái gāodà de dàlìshì, shǐ de bīngqì shì yì bǐng dàfǔ. Tā láidào

水帘洞外，高声叫喊："快去告诉弼马温，我们奉
Shuǐliándòng wài, gāoshēng jiàohǎn : "Kuài qù gàosu Bìmǎwēn, wǒmen fèng

玉帝旨意前来，快快出来受降！"小猴们慌忙向洞
Yùdì zhǐyì qiánlái, kuàikuài chūlái shòuxiáng!" Xiǎo hóumen huāngmáng xiàng dòng-

中传报。猴王说："不要慌，取我的
zhōng chuánbào. Hóuwáng shuō : "Búyào huāng, qǔ wǒ de

披挂来，看什么人胆敢弄坏我
pīguà lái, kàn shénme rén dǎngǎn nònghuài wǒ

花果山的一草一木！"
Huāguǒshān de yì cǎo yí mù!"

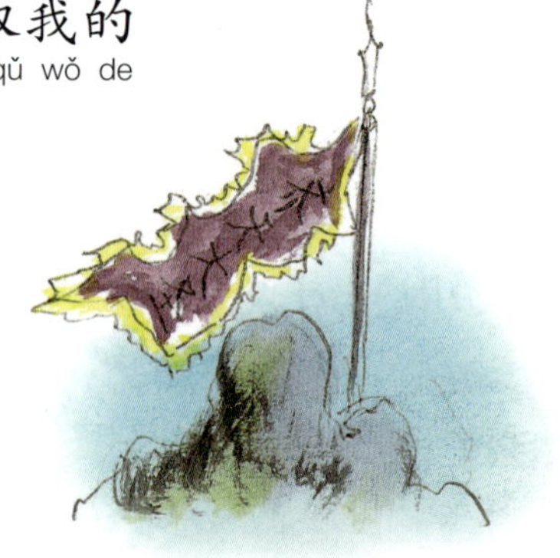

천궁 안 이야기를 다시 하자면, 옥황상제는 다음날 아침 상소문을 접하게 되는데, 손오공이 필마온이라는 관직이 너무 낮아 불만스럽게 생각하여, 어제 도중에 천궁을 나가 화과산으로 돌아가 버렸다는 것이었다. 옥황상제는 진노하여 즉시 탁탑 이천왕을 항마대원수로 삼아, 그의 셋째 태자 나타를 수행하고, 천병과 천군의 장수들을 인솔하여 화과산으로 가서 요망한 원숭이를 붙잡아 오도록 명령하였다.

이천왕과 나타는 즉시 삼군을 소집하고 거령신을 선봉으로 삼아, 위풍당당하게 구름과 안개를 타고 하늘을 날아 화과산에 도착하였다. 거령신은 몸집이 거대한 장사로, 사용하는 병기는 커다란 도끼 한 자루였다. 그는 수렴동 밖에 이르러 큰 소리로 외쳤다. "얼른 가서 필마온에게, 우리들이 옥황상제님의 명을 받들고 왔으니, 어서 나와 항복하라고 고하여라!" 졸개 원숭이들은 황급히 동굴 안으로 가서 보고하였다. 미후왕이 말했다. "허둥댈 필요 없다. 나의 갑옷을 가지고 오너라. 어느 놈이 감히 내 화과산의 풀 한 포기 나무 한 그루를 망가뜨리는지 두고 보겠다."

4 巨灵神 : 중국 천지개벽 신화에 나오는 신령. 산천을 만들고 강을 꿰뚫어 흐르게 하는 힘을 지닌 초능력의 소유자.

嫌 xián 불만스럽게 생각하다　|　陪同 péitóng 수행하다, 모시고 다니다　|　捉拿 zhuōná (범인을) 붙잡다　|　点起 diǎnqǐ 소집하다　|　先锋 xiānfēng 선봉, 솔선자　|　浩浩荡荡 hàohàodàngdàng 위풍당당하다, 기세가 드높다　|　腾云驾雾 téng yún jià wù 구름과 안개를 타고 하늘을 날다　|　身材 shēncái 체격, 몸집　|　受降 shòuxiáng 항복을 받다, 항복하다　|　披挂 pīguà 갑옷　|　胆敢 dǎngǎn 감히

说罢，戴上紫金冠，穿上黄金甲，登上步云履，
Shuō bà, dàishàng zǐjīnguān, chuānshàng huángjīnjiǎ, dèngshàng bùyúnlǚ,

手持如意金箍棒，一个筋斗来到巨灵神跟前。巨灵
shǒuchí rúyìjīngūbàng, yí ge jīndǒu láidào Jùlíngshén gēnqián. Jùlíng-

神高声喊道："小小妖猴，今天奉玉帝旨意来收降
shén gāoshēng hǎndào : "Xiǎoxiǎo yāo hóu, jīntiān fèng Yùdì zhǐyì lái shōuxiáng

你，你要是说半个不字，叫你粉身碎骨！"猴王哈
nǐ, nǐ yàoshì shuō bàn ge bú zì, jiào nǐ fěn shēn suì gǔ!" Hóuwáng hā-

哈大笑，说："什么鸟毛神，我要是一棒把你打死，
hā dàxiào, shuō : "Shénme Niǎomáoshén, wǒ yàoshì yí bàng bǎ nǐ dǎsǐ,

怕没人向玉帝老儿报信。快快回去对他说，身为玉
pà méi rén xiàng Yùdì lǎor bàoxìn. Kuàikuài huíqù duì tā shuō, shēn wéi Yù-

帝却有眼无珠，不识人才，俺老孙神通广大，他却
dì què yǒu yǎn wú zhū, bù shí réncái, ǎn lǎo Sūn shéntōng guǎngdà, tā què

派俺去喂马。老孙不做什么弼马温，你抬头看清我
pài ǎn qù wèi mǎ. Lǎo Sūn bú zuò shénme Bìmǎwēn, nǐ táitóu kànqīng wǒ

的旗号，叫他封我'齐天大圣'，咱们就免动兵刃。
de qíhào, jiào tā fēng wǒ 'Qítiāndàshèng', zánmen jiù miǎn dòng bīngrèn.

要是不肯，我就打上灵霄宝殿，叫他宝座坐不稳！"
Yàoshì bùkěn, wǒ jiù dǎshàng Língxiāobǎodiàn, jiào tā bǎozuò zuò bu wěn!"

巨灵神抬头一看，果然见山头竖立一根高大旗杆，
Jùlíngshén táitóu yí kàn, guǒrán jiàn shāntóu shùlì yì gēn gāodà qígān,

上面挂着一面大旗，旗上写
shàngmian guà zhe yí miàn dàqí, qíshang xiě

着"齐天大圣"四个大字。
zhe "Qítiāndàshèng" sì ge dàzì.

　　말을 마치고는, 자금관을 쓰고, 황금갑을 입고, 보운리를 신고, 손에는 여의봉을 쥐고, 근두운을 타고 거령신 앞에 이르렀다. 거령신은 높은 소리로 외쳤다. "보잘 것 없는 요망한 원숭이놈아, 오늘 옥황상제님의 명을 받들어 너에게 항복을 받으러 왔다. 네가 만약 싫다는 말의 반 마디라도 하는 날이면, 너의 몸과 뼈를 가루로 만들어 버리겠다!" 미후왕은 하하 크게 웃으며 말했다. "무슨 새 깃털 같은 신이라고. 내가 만약 몽둥이 한방으로 너를 죽여 버리면, 옥황상제 늙은이에게 보고 할 놈이 없을까 걱정이 되는구나! 어서 빨리 돌아가서 그에게 말해라. 명색이 옥황상제라고 하면서 도리어 눈 뜬 장님이라, 인재를 알아보지 못하고 신통력이 어마어마한 이 손오공님을 말먹이나 하라고 시키다니. 나는 필마온인지 뭔지 하는 것은 하지 않으련다. 넌 고개를 들어 나의 깃발을 똑똑히 봐라. 그러러 나를 '제천대성'에 봉한다면, 우리가 무기를 동원하는 것을 면할 수 있을 것이오, 만약 따르지 않으려고 한다면, 나는 당장 영소보전을 때려 부수어 그를 옥좌에 편히 앉아 있지는 못하게 할 것이다!" 거령신이 고개를 들어 살펴보니, 과연 산꼭대기에 높고 큰 깃대가 하나 똑바로 꽂혀있고, 그 위에는 큰 깃발 하나가 걸려 있는데, 깃발에는 '제천대성'이라는 네 글자가 크게 쓰여 있었다.

粉身碎骨 fěn shēn suì gǔ 몸과 뼈를 가루로 만들다 ┃ **有眼无珠** yǒu yǎn wú zhū 눈이 있으나 눈동자가 없다; 눈 뜬 장님이다 ┃ **人才** réncái 인재 ┃ **看清** kànqīng 분명히 보다 ┃ **免动** miǎn dòng 사용하는 것을 면하다 ┃ **兵刃** bīngrèn 무기 ┃ **不肯** bùkěn (기꺼이) ~하려고 하지 않다 ┃ **宝座** bǎozuò 목좌 ┃ **坐不稳** zuò bu wěn 편안히 앉아 있지 못하다, 좌불안석이다 ┃ **竖立** shùlì 똑바로 서있다

巨灵神冷笑几声："一个小小猴头，也敢叫什
么大圣！先吃我一斧！"说着抡起斧头就砍。悟空
不慌不忙，用棒一接。巨灵神感觉那棒有千万斤重
量，勉强抵挡了几招。猴王一棒打去，巨灵神举起
大斧抵挡，只听得"喀嚓"一声响，斧柄断成了两
截。巨灵神急忙拾起半截斧头，慌忙逃命去了。猴
王也不追赶，只在后面笑道："脓包！快去给玉皇
老儿报信去吧！"

　　巨灵神狼狈不堪地逃回大营，见了托塔李天王，
说："弼马温实在厉害，我打不过他。"李天王非常
生气，说："头一仗你就挫我军威，来人，把他给
我推出去斩了！"哪吒太子连忙劝阻："父王息怒，
咱们不知道这妖猴到底有多大本领，暂且留下巨灵
先锋，让我去会会那个猴头。"李天王点头答应。

거령신이 냉소하며 몇 마디 하였다. "일개 보잘 것 없는 원숭이놈이 감히 무슨 대성이라 칭하다니! 먼저 내 도끼 맛이나 봐라!"라고 말하면서 도끼를 휘두르더니 바로 내리쳤다. 오공은 당황하지 않고 느긋하게 몽둥이로 받아 냈다. 거령신은 그 몽둥이가 천만 근 정도의 무게가 나간다고 느끼며 가까스로 몇 수 막아냈다. 미후왕이 한방 더 때리자, 거령신은 커다란 도끼를 집어 들어 막았는데, 다만 "우지직" 하는 소리가 나더니 도끼자루가 두 토막으로 부러져버렸다. 거령신은 황급히 반 토막이 난 도끼를 집어 들고는 재빨리 목숨만 겨우 건져 도망쳐버렸다. 미후왕 역시 쫓지 않고, 다만 뒤쪽에서 웃으며 말했다. "얼뜨기! 얼른 가서 옥황상제 늙은 이에게 보고나 해라!"

거령신은 곤경에 처해 주둔지로 도망쳐 와서는, 탁탑 이천왕을 만나 말했다. "필마온이라는 놈은 정말 대단해서, 저로써는 그를 이기지 못하겠습니다." 이천왕은 몹시 화가 나서 말했다. "첫 번째 싸움에서 너는 우리 군대의 사기를 꺾어버렸다. 여봐라, 저놈을 내 앞에서 끌어내어 베어버려라!" 나타 태자가 황급히 말렸다. "아버님 노여움을 푸세요, 우리는 그 요망한 원숭이놈이 대체 얼마만큼의 능력을 가졌는지 모르니 잠시 거령 선봉은 살려두시고, 제가 가서 그 원숭이를 좀 만나보게 해주십시오." 이천왕은 고개를 끄덕여 승낙을 하였다.

斧头 fǔtou 도끼 ┃ 砍 kǎn 찍다, 패다 ┃ 不慌不忙 bù huāng bù máng 당황하지 않고 느긋하다 ┃ 勉强 miǎnqiǎng 간신히, 가까스로, 억지로 ┃ 抵挡 dǐdǎng 막다 ┃ 截 jié 토막 ┃ 逃命 táomìng 목숨만 겨우 건지다 ┃ 追赶 zhuīgǎn 쫓아가다, 따라잡다 ┃ 脓包 nóngbāo 쓸모없는 놈, 얼뜨기 ┃ 狼狈不堪 láng bèi bù kān 매우 난감하다, 곤경에 처해 있다 ┃ 头一仗 tóu yí zhàng 첫 번째 싸움 ┃ 挫 cuò 꺾다, 누르다, 깨뜨리다 ┃ 军威 jūnwēi 군의 사기 ┃ 斩 zhǎn 베다 ┃ 劝阻 quànzǔ 충고하여 그만두게 하다 ┃ 暂且 zànqiě 잠깐, 잠시

哪吒太子脚踏风火轮来到水帘洞外，悟空上前
Nézhā tàizǐ jiǎo tà fēnghuǒlún láidào Shuǐliándòng wài, Wùkōng shàngqián

问道："你是谁家小孩？到这里来干什么？"哪吒
wèndào : "Nǐ shì shéi jiā xiǎohái? Dào zhèlǐ lái gàn shénme?" Nézhā

呵斥："你这个猴头！我是托塔李天王三太子哪吒，
hēchì : "Nǐ zhè ge hóutóu! Wǒ shì Tuōtǎ Lǐ tiānwáng sān tàizǐ Nézhā,

奉玉帝之旨前来捉拿你。"悟空笑笑："小太子，你
fèng Yùdì zhī zhǐ qiánlái zhuōná nǐ." Wùkōng xiàoxiào : "Xiǎo tàizǐ, nǐ

奶牙还没长全，胎毛还没褪干，怎敢说这样的大话？
nǎiyá hái méi zhǎng quán, tāimáo hái méi tuì gān, zěn gǎn shuō zhèyàng de dàhuà?

我也不打你，你仔细看看我旗上的名号，回去告诉
Wǒ yě bù dǎ nǐ, nǐ zǐxì kànkan wǒ qíshang de mínghào, huíqù gàosu

玉帝老儿，要是封我这个官衔，咱们用不着动武，
Yùdì lǎor, yàoshì fēng wǒ zhè ge guānxián, zánmen yòngbuzháo dòngwǔ,

我就归顺天庭；要是不肯答应，俺老孙就打上灵霄
wǒ jiù guīshùn tiāntíng ; Yàoshì bùkěn dāying, ǎn lǎo Sūn jiù dǎshàng Língxiāo-

宝殿。"哪吒不看还好，一看见旗上"齐天大圣"
bǎodiàn." Nézhā bú kàn hái hǎo, yí kànjiàn qíshang "Qítiāndàshèng"

几个字，气得叫道："你这妖猴，也配这个称号！
jǐ ge zì, qì de jiào dào : "Nǐ zhè yāo hóu, yě pèi zhè ge chēnghào!

先吃我一剑！"悟空见他剑劈过来，说："小太子，
Xiān chī wǒ yí jiàn!" Wùkōng jiàn tā jiàn pī guòlái, shuō : "Xiǎo tàizǐ,

别发火，我站着不动，让你先砍三剑，免得别人说
bié fāhuǒ, wǒ zhàn zhe bú dòng, ràng nǐ xiān kǎn sān jiàn, miǎn de biérén shuō

我欺负小孩子。"哪吒被他说得满脸通红，"喀喀喀"
wǒ qīfu xiǎoháizi." Nézhā bèi tā shuō de mǎnliǎn tōnghóng, "kākākā"

朝猴头连砍三剑。
cháo hóutóu lián kǎn sān jiàn.

나타 태자가 풍화륜을 몰아 수렴동 밖에 오자, 오공이 앞으로 나와 물었다. "너는 뉘 집 어린애냐? 이곳에는 뭐 하러 왔느냐?" 나타가 큰소리로 꾸짖었다. "너 원숭이 이놈! 나는 탁탑 이천왕의 셋째 아들 나타 태자로, 옥황상제님의 명을 받들어 너를 붙잡으러 이곳에 왔다." 오공은 웃으며 말했다. "어린 태자야, 너는 아직 젖니도 다 나지 않고, 솜털도 아직 다 갈지 않은 놈이 어찌 감히 그런 큰소리를 치는 게냐? 내 너와 싸우지 않으려 하니, 너는 나의 깃발에 쓰여 있는 이름을 자세히 좀 보고, 돌아가 옥황상제 늙은이에게 아뢰어라. 만약 나를 이 관직명에 봉한다면 우리는 무력을 쓸 필요도 없고, 나는 곧 하늘로 돌아갈 것이다. 만약 승낙하지 않으려 한다면, 나 이 손오공님이 곧 영소보전을 때려 부술 것이라고 말이다." 나타가 보지 않았더라면 그래도 좋았을 것을, 깃발의 '제천대성'이라는 몇 글자를 보고는, 화가 나서 소리쳤다. "네 이 요망한 원숭이놈아, 이 호칭이 어울린단 말이냐! 먼저 내 칼이나 받아라!" 손오공은 정면으로 날아오는 그의 검을 보고는 말했다. "어린 태자야, 발끈하지 마라! 내 꼼짝 않고 서있을 테니, 네가 먼저 검으로 세 번 베도록 하여라. 다른 사람들이 나보고 어린 아이를 괴롭혔다고 말해서야 되겠느냐." 나타는 그의 말에 얼굴이 온통 새빨개져서는, "딱, 딱, 딱" 원숭이를 향해 연달아 세 번 검을 내리쳤다.

呵斥 hēchì 큰소리로 책망하다 ┃ 奶牙 nǎiyá 젖니 ┃ 长 zhǎng 생장하다, 성장하다 ┃ 胎毛 tāimáo 갓 태어난 포유동물의 몸에 난 털 ┃ 褪 tuì (새나 짐승이) 털갈이하다 ┃ 官衔 guānxián 관리의 직함, 관직명 ┃ 动武 dòngwǔ 무력을 사용하다 ┃ 归顺 guīshùn 귀순하다; 적이었던 사람이 반항심을 버리고 스스로 돌아서서 복종하거나 순종함 ┃ 劈 pī (머리, 얼굴 따위를) 정면으로 향하다 ┃ 发火 fāhuǒ 화를 내다 ┃ 满脸通红 mǎnliǎn tōnghóng 얼굴이 온통 새빨갛다

只见火花飞迸，猴头丝毫没有受伤。哪吒气坏
Zhǐjiàn huǒhuā fēibèng, hóutóu sīháo méiyǒu shòushāng. Nézhā qìhuài

了，他大喊一声"变!"身体顿时长到两丈多高，
le, tā dàhǎn yì shēng "biàn" shēntǐ dùnshí zhǎngdào liǎng zhàng duō gāo,

生出三头六臂，六只手拿着六样兵器，旋风一样朝
shēngchū sān tóu liù bì, liù zhī shǒu ná zhe liù yàng bīngqì, xuànfēng yíyàng cháo

悟空打来。悟空吃了一惊，心想："这小孩还真
Wùkōng dǎ lái. Wùkōng chī le yì jīng, xīn xiǎng : "Zhè xiǎohái hái zhēn

有两下子。"大圣也大喊一声"变!"身体变成两
yóu liǎngxiàzi." Dàshèng yě dàhǎn yì shēng "biàn!" shēntǐ biànchéng liǎng

丈多高，也是三头六臂，金箍棒同时变作三条。
zhàng duō gāo, yě shì sān tóu liù bì, jīngūbàng tóngshí biàn zuò sān tiáo.

　　언뜻 보니 불꽃이 사방으로 튀었지만, 원숭이는 조금도 상처를 입지 않았다. 나타는 몹시 화가 나서 큰 소리로 "변해라!" 하고 소리치니, 몸이 눈 깜짝할 사이에 두 길 남짓 커지고, 머리는 셋에 팔은 여섯 개가 생겨나더니, 여섯 개의 손에 여섯 가지의 무기를 들고 회오리바람처럼 손오공을 향해 공격하여 왔다. 오공은 깜짝 놀라며, 속으로 '이 꼬마 녀석 정말 실력이 대단한데.'라고 생각하였다. 대성 역시 "변해라!" 하고 크게 소리치자, 몸은 두 길 남짓으로 커지고, 역시 머리 셋에 팔이 여섯 개가 생겨났고, 여의봉 또한 세 개로 변하였다.

火花 huǒhuā 불꽃　┃　飞迸 fēibèng (사방으로) 튀다, 흩날리다　┃　旋风 xuànfēng 회오리바람　┃　两下子 liǎngxiàzi 대단한 솜씨, 상당한 능력　┃　臂 bì 팔

只见两个人打成一团，只打得地动山摇。两个
Zhǐjiàn liǎng ge rén dǎchéng yì tuán, zhǐ dǎ de dì dòng shān yáo. Liǎng ge

人一直打了三十多个回合，不分胜负，哪吒把六种
rén yìzhí dǎ le sānshí duō ge huíhé, bù fēn shèngfù, Nézhā bǎ liù zhǒng

兵器变成千千万万，孙悟空的金箍棒一抖，变成
bīngqì biànchéng qiānqiān wànwàn, Sūn Wùkōng de jīngūbàng yì dǒu, biànchéng

万万千千。只见两团烟雾转动，万千兵器撞击，就
wànwàn qiānqiān. Zhǐjiàn liǎng tuán yānwù zhuǎndòng, wàn qiān bīngqì zhuàngjī, jiù-

是不见人影。到底孙悟空精明，他趁哪吒不注意，
shì bú jiàn rényǐng. Dàodǐ Sūn Wùkōng jīngmíng, tā chèn Nézhā bú zhùyì,

拔下一根毫毛变成自己的替身应战，真身转到哪吒
báxià yì gēn háomáo biànchéng zìjǐ de tìshēn yìngzhàn, zhēnshēn zhuǎndào Nézhā

背后，举起金箍棒一下打在哪吒的左臂上。哪吒疼
bèihòu, jǔqǐ jīngūbàng yíxià dǎzài Nézhā de zuǒbì shang. Nézhā téng-

痛难忍，急忙收了法术，登上风火轮，败退回去。
tòng nánrěn, jímáng shōu le fǎshù, dēngshàng fēnghuǒlún, bàituì huíqù.

哪吒向父王禀报："那弼马温真的本事了得，孩儿
Nézhā xiàng fùwáng bǐngbào : "Nà Bìmǎwēn zhēnde běnshì liǎodé, háiér

实在打不过他。"李天王大惊失色，说："咱们连败
shízài dǎ bu guò tā." Lǐ tiānwáng dà jīng shīsè, shuō : "Zánmen liánbài

两阵,怎么办?"哪吒说："那猴王的旗子上写着'齐
liǎng zhèn, zěnmebàn?" Nézhā shuō : "Nà Hóuwáng de qízi shang xiě zhe 'Qí-

天大圣'四个字，他说玉帝封他这个称号便不动干
tiāndàshèng' sì ge zì, tā shuō Yùdì fēng tā zhè ge chēnghào biàn bú dòng gān-

戈 [5]，要不就要打到灵霄宝殿上去。"
gē, yàobù jiùyào dǎdào Língxiāobǎodiàn shàngqù."

얼핏 보니 두 사람이 한 덩어리가 되어 싸우는데, 오로지 땅과 산만 요동을 쳤다. 두 사람은 삼십여 회가 넘도록 계속 싸웠지만, 승부를 가리지 못하였다. 나타는 여섯 가지의 무기를 수천수만으로 변하게 만들었고, 손오공의 여의봉도 한번 돌리니 수천수만 개로 변하였다. 얼핏 보니 두 덩어리의 안개가 자유자재로 움직이고, 수많은 병기가 서로 부딪쳤지만, 사람의 그림자는 볼 수 없었다. 역시나 손오공은 영리하여 나타가 주의를 소홀히 한 틈을 이용하여, 털 한 가닥을 뽑아 자신을 대신하여 맞서 싸울 원숭이로 변하게 하였다. 그리고 진짜 몸은 나타의 뒤쪽으로 돌아가, 여의봉을 집어 들어 단번에 나타의 왼쪽 어깨 위를 내리쳤다. 나타는 고통을 참을 수 없어 서둘러 술법을 거두고는, 풍화륜을 타고 패하여 돌아갔다. 나타는 부왕에게 보고하였다. "저 필마온은 정말 재주가 비상하여, 소자는 실로 그를 이길 수가 없습니다." 이천왕은 크게 놀라 얼굴빛이 변하며 말했다. "우리는 연거푸 두 번이나 싸움에서 패했으니, 이를 어찌 한단 말이냐?" 나타가 말했다. "그 미후왕의 깃발에 '제천대성'이라는 네 글자가 쓰여 있었고, 그가 말하길 옥황상제님께서 그를 이 관직명에 봉해주시면 전쟁을 일으키지 않겠지만, 만약 그렇지 않으면 바로 영소보전을 때려 부수러 올라갈 것이라 하였습니다."

5 **干戈** : 창과 방패로 무기를 통칭하나, 여기서는 전쟁을 의미한다.

团 tuán 덩어리 ｜ **抖** dǒu 돌리다 ｜ **转动** zhuǎndòng (물체의 일부분이 자유자재로) 방향을 바꾸다 ｜ **撞击** zhuàngjī 부딪치다 ｜ **人影** rényǐng 사람의 그림자 ｜ **到底** dàodǐ 아무래도, 역시 ｜ **精明** jīngmíng 영리하다 ｜ **趁** chèn (때·기회를) 이용해서, 틈타서 ｜ **注意** zhùyì 주의, 조심 ｜ **疼痛** téngtòng 고통 ｜ **败退** bàituì 싸움에 지고 물러가다 ｜ **禀报** bǐngbào 보고하다 ｜ **了的** liǎodé 훌륭하다, 굉장하다 ｜ **失色** shīsè (놀라거나 두려워서) 얼굴빛이 변하다

李天王说："咱们这次带的人马不多，不如先
Lǐ tiānwáng shuō : "Zánmen zhècì dài de rénmǎ bù duō, bùrú xiān

回天宫奏明玉帝，改日多带天兵捉拿妖猴。"
huí tiāngōng zòumíng Yùdì, gǎirì duō dài tiānbīng zhuōná yāo hóu."

托塔天王回到灵霄宝殿，向玉帝禀报。玉帝十
Tuōtǎ tiānwáng huídào Língxiāobǎodiàn, xiàng Yùdì bǐngbào. Yùdì shí-

分惊讶："想不到这妖猴这么厉害，那就再多派些
fēn jīngyà : "Xiǎngbúdào zhè yāo hóu zhème lìhai, nà jiù zài duō pài xiē

天兵前去讨伐。"这时，太白金星又来出主意："那
tiānbīng qiánqù tǎofá." Zhèshí, Tàibáijīnxīng yòu lái chū zhǔyi : "Nà

妖猴不知道高低深浅，要跟他打斗，未必能胜，不
yāo hóu bù zhīdào gāodī shēnqiǎn, yào gēn tā dǎdòu, wèibì néng shèng, bù-

如还降招安旨意，封他个'齐天大圣'的空衔，有
rú hái jiàng zhāo'ān zhǐyì, fēng tā ge 'Qítiāndàshèng' de kōng xián, yǒu

官无禄，有什么不可以。"玉帝问他："什么叫'有
guān wú lù, yǒu shénme bù kěyǐ." Yùdì wèn tā : "Shénme jiào 'yǒu

官无禄'？"太白金星说："名号上是'齐天大圣'，
guān wú lù'?" Tàibáijīnxīng shuō : "Mínghào shang shì 'Qítiāndàshèng',

只是不给他事做，也不给他俸禄，只求太平无事罢
zhǐshì bù gěi tā shì zuò, yě bù gěi tā fènglù, zhǐ qiú tài píng wú shì bà-

了。"玉帝觉得金星说得有道理，就又写了诏书，
le." Yùdì juéde Jīnxīng shuō de yǒu dàolǐ, jiù yòu xiě le zhàoshū,

命太白金星前去招安。太白金星又来到花果山水帘
mìng Tàibáijīnxīng qiánqù zhāo'ān. Tàibáijīnxīng yòu láidào Huāguǒshān Shuǐlián-

洞前，猴子们认出了这位白胡子老头儿，领着他去
dòng qián, hóuzimen rènchū le zhè wèi bái húzi lǎotóur, lǐng zhe tā qù

见大圣。
jiàn dàshèng.

　　이천왕이 말했다. "우리가 이번에 이끌고 온 병력이 많지 않으니, 먼저 천궁으로 돌아가 옥황상제께 상세히 아뢰고서, 다른날 천병을 더 많이 이끌고 요망한 원숭이를 잡도록 하는 것이 좋겠다."

　　탁탑천왕은 영소보전으로 돌아와 옥황상제에게 보고하였다. 옥황상제는 몹시 놀랐다. "그 요망한 원숭이가 그렇게 재주가 뛰어난 줄 생각도 못했구나. 그럼 다시 좀 더 많은 천병을 파견하여 가서 토벌해야겠구나." 이때, 태백금성이 또 와서 의견을 내놓았다. "그 요망한 원숭이는 능력의 정도와 깊이를 모릅니다. 그와 싸운다고 해서 반드시 이길 수 있는 것은 아닙니다. 차라리 투항하도록 교지를 내리시고 그를 '제천대성'이라는 허울뿐인 직함에 봉하시어, 관직은 있으되 녹봉이 없게 하면, 안 될 게 뭐 있겠습니까?" 옥황상제가 그에게 물었다. "무엇을 '관직은 있으되, 녹봉은 없다'고 말하는 것인고?" 태백금성이 말했다. "이름만 '제천대성'이라 해놓고, 그에게 할 일을 주지 않고 또한 녹봉도 주지 않으면서, 단지 태평무사 하기만을 바라면 그만입니다." 옥황상제는 금성이 하는 말이 이치에 맞다고 생각하여, 즉시 또 조서를 써서 태백금성에게 명하여 가서 오공을 복종시키도록 하였다. 태백금성이 다시 화과산 수렴동 앞에 오자, 원숭이들은 이 흰 수염의 노인을 알아보고는, 그를 안내하여 대성을 만나게 하였다.

人马 rénmǎ 병마, 군대 ｜ 奏明 zòumíng 상세히 아뢰다 ｜ 改日 gǎirì 후일, 다른 날 ｜ 讨伐 tǎofá 토벌하다 ｜ 高低深浅 gāodī shēnqiǎn 능력의 정도와 깊이 ｜ 未必 wèibì 반드시 ～한 것은 아니다 ｜ 不如 bùrú ～하는 편이 낫다 ｜ 空衔 kōng xián 빈 직함 ｜ 俸禄 fènglù 녹봉, 관리의 급료 ｜ 太平无事 tài píng wú shì 태평스럽게 아무 일도 발생하지 않다 ｜ 罢了 bàle 서술문 끝에 쓰여 '단지 ～일 뿐이다'의 뜻을 나타냄 ｜ 道理 dàolǐ 이치 ｜ 胡子 húzi 수염 ｜ 领 lǐng 안내하다

太白金星把过错都推到托塔天王身上，说明了
Tàibáijīnxīng bǎ guòcuò dōu tuīdào Tuōtǎ tiānwáng shēnshang, shuōmíng le

玉帝的旨意，准予封孙悟空为"齐天大圣"。悟空问：
Yùdì de zhǐyì, zhǔnyǔ fēng Sūn Wùkōng wéi "Qítiāndàshèng". Wùkōng wèn :

"天上有没有'齐天大圣'这样的官衔？"太白金星说：
"Tiānshang yǒu méiyǒu 'Qítiāndàshèng' zhèyàng de guānxián?" Tàibáijīnxīng shuō :

"我亲自为你讨来的封号，如果有假，你就拿我是问
"Wǒ qīnzì wèi nǐ tǎolái de fēnghào, rúguǒ yǒu jiǎ, nǐ jiù ná wǒ shì wèn

吧！"悟空心中高兴，穿戴整齐，随太白金星来到
ba!" Wùkōng xīnzhōng gāoxìng, chuāndài zhěngqí, suí Tàibáijīnxīng láidào

灵霄宝殿。玉帝对悟空说："我今天封你做'齐天
Língxiāobǎodiàn. Yùdì duì Wùkōng shuō : "Wǒ jīntiān fēng nǐ zuò 'Qítiān-

大圣'，这官品最大了。以后安心做官，再不要胡
dàshèng', zhè guānpǐn zuì dà le. Yǐhòu ānxīn zuò guān, zài búyào hú-

闹了。"悟空依旧是拱手谢恩。玉帝命工匠在蟠桃[6]
nào le." Wùkōng yījiù shì gǒngshǒu xiè'ēn. Yùdì mìng gōngjiàng zài pántáo-

园旁边建造起一座齐天大圣府，还派专人伺候。悟
yuán pángbiān jiànzào qǐ yí zuò Qítiāndàshèng fǔ, hái pài zhuānrén cìhou. Wù-

空高高兴兴地做起"齐天大圣"来。
kōng gāogāo xìngxìng de zuò qǐ "Qítiāndàshèng" lái.

过错 guòcuò 과실, 잘못　|　准予 zhǔnyǔ 허가하다　|　讨来 tǎolái 요구하다, 요청하다　|　封号 fēng-
hào 봉호 (옛날 제왕이 봉한 작호 또는 칭호)　|　…是问 shì wèn ～에게 책임을 묻다　|　穿戴 chuāndài
옷차림　|　随 suí ～를 따르다　|　官品 guānpǐn 관직의 높고 낮음　|　安心 ānxīn 진심으로, 성심성의
로　|　做官 zuò guān 관리가 되다, 벼슬하다　|　胡闹 húnào 소란을 피우다　|　依旧 yījiù 예전대로다,
여전하다　|　拱手 gǒngshǒu (가슴께에서) 두 손을 맞잡고 인사하다　|　工匠 gōngjiàng 공인, 장인　|
建造 jiànzào (집 따위를) 짓다　|　专人 zhuānrén 전담자　|　伺候 cìhou 시중을 들다, 돌보다

태백금성은 잘못을 모두 탁탑천왕에게 미루고, 오공을 '제천대성'에 봉하는 것을 허가한다는 옥황상제의 뜻을 설명하였다. 오공이 물었다. "하늘에 '제천대성'이라는 관직명이 있소?" 태백금성이 말했다. "내가 친히 당신을 위해 요구한 봉호이거늘, 만약 거짓이 있다면 당신은 바로 나에게 책임을 물으시오!" 오공은 마음속으로 기뻐하며 옷매무새를 단정히 하고, 태백금성을 따라 영소보전에 왔다. 옥황상제가 오공에게 말했다. "짐이 오늘 그대를 '제천대성'에 봉하니, 이 관직의 품계는 가장 높은 것이오. 이후 성심성의껏 관직생활을 하여, 다시는 소란을 피우지 말도록 하시오." 오공은 예전처럼 가슴에 두 손을 맞잡고 인사를 올리며 은혜에 대해 감사를 표하였다. 옥황상제는 장인에게 명하여 선도원 옆에 제천대성의 관저를 한 채 짓도록 하고, 또한 전담자를 파견하여 시중을 들도록 하였다. 오공은 매우 흡족해 하면서 '제천대성'의 역할을 수행하기 시작하였다.

6 **蟠桃** : 선도. 『회남자 · 남명훈(淮南子 · 南冥訓)』에서 신궁 후예(后羿)에게 서왕모가 불사약을 두 알 주는 내용과 『한무제내전(漢武帝內傳)』에서는 서왕모가 한무제에게 선도(仙桃) 일곱 개를 주는 내용이 있다. 불사약의 이미지에서 신선의 경지에 오르게 하는 촉진제의 이미지로 변모했다.

1 본문을 읽고 다음 물음에 답하시오.

(1) 玉帝下旨封孙悟空为"弼马温"。请问弼马温的职责为何?

    A. 守护天宫　　　　　B. 管理御马　　　　　C. 清洁马路

(2) "齐天大圣"之意为何?

    A. 指天上负责教育的人

    B. 指天上管理圣人的人

    C. 指有至高无上地位的人

(3) 头一仗就打不过孙悟空，狼狈不堪地逃回大营，因而让托塔李天王生气的人是谁?

    A. 巨灵神　　　　　B. 太白金星　　　　　C. 哪吒三太子

2 다음 문장을 자연스러운 우리말로 옮기시오.

(1) 不要慌，取我的披挂来，看什么人胆敢弄坏我花果山的一草一木!

    ➡

(2) 头一仗你就挫我军威，来人，把他给我推出去斩了!

    ➡

3 녹음을 듣고 빈칸에 들어갈 말을 써 넣으시오.

(1) 这御马监养了天马上千匹，猴王查看登记册，（　　　　）马匹数
　　 量，接见大小官员，从此（　　　　　　）管理起御马来。

(2) 小小妖猴，今天奉玉帝旨意来（　　　　）你，你要是说半个不字，
　　 叫你（　　　　　　）！

(3) 那妖猴不知道（　　　　　　　），要跟他打斗，未必能胜，不如还
　　 降招安旨意，封他个'齐天大圣'的（　　　　），有官无禄，有什么
　　 不可以。

4 다음 문장을 자연스러운 중국어로 옮기시오.

(1) 내 당장 제천대성이 되어, 옥황상제 늙은이가 나를 어떻게 할런지
　　 두고 봐야겠다!

　　　➡

(2) 이후 성심성의껏 관직생활을 하여, 다시는 소란을 피우지 말도록
　　 하시오.

　　　➡

大闹天宫

过了不久，玉帝派大圣去代管桃园。这蟠桃园
Guò le bùjiǔ, Yùdì pài dàshèng qù dàiguǎn táoyuán. Zhè pántáoyuán

里共有树三千六百株，前面的一千二百株三千年一
li gòng yǒu shù sānqiān liùbǎi zhū, qiánmian de yìqiān èrbǎi zhū sānqiān nián yì

熟，人吃了能成仙；中间的一千二百株六千年一熟，
shú, rén chī le néng chéng xiān ; Zhōngjiān de yìqiān èrbǎi zhū liùqiān nián yì shú,

人吃了能白日升天；后面这一千二百株九千年一熟，
rén chī le néng báirì shēngtiān ; Hòumian zhè yìqiān èrbǎi zhū jiǔqiān nián yì shú,

人吃了与天地齐寿。
rén chī le yǔ tiāndì qí shòu.

孙悟空代管了蟠桃园以后，工作尽心尽力。没
Sūn Wùkōng dàiguǎn le pántáoyuán yǐhòu, gōngzuò jìn xīn jìn lì. Méi

过多久，树上的桃子渐渐熟了。猴子天生喜欢吃桃，
guò duōjiǔ, shùshang de táozi jiànjiàn shú le. Hóuzi tiānshēng xǐhuan chī táo,

悟空看着成熟的桃子，馋得直流口水。可是身边总
Wùkōng kàn zhe chéngshú de táozi, chán de zhí liú kǒushuǐ. Kěshì shēnbiān zǒng-

有土地神等人陪着，他没有机会尝尝鲜。这天，他
yǒu Tǔdìshén děng rén péi zhe, tā méiyǒu jīhuì chángchángxiān. Zhè tiān, tā

想出一个主意，对大家说："我今天有点困倦，你
xiǎngchū yí ge zhǔyi, duì dàjiā shuō : "Wǒ jīntiān yǒudiǎn kùnjuàn, nǐ-

们先退下，我在这亭子里小睡一会儿。"
men xiān tuìxià, wǒ zài zhè tíngzi li xiǎoshuì yíhuìr."

천궁을 매우 소란스럽게 만들다

얼마 지나지 않아, 옥황상제는 대성을 파견하여 복숭아 과수원을 대신 관리하도록 하였다. 이 선도원에는 모두 합쳐 삼천육백 그루의 나무가 있어, 앞쪽의 천이백 그루는 삼천 년에 한 번씩 과실이 여무는데, 사람이 먹으면 신선이 될 수 있었다. 중간의 천이백 그루는 육천 년에 한 번씩 열매가 여무는데, 사람이 먹으면 밝은 대낮에 하늘로 올라갈 수 있었다. 뒤쪽의 이천이백 그루는 구천 년에 한 번씩 열매가 익는데, 사람이 먹으면 하늘과 땅과 더불어 수명을 같이하게 된다.

손오공은 선도원을 대신 관리하게 된 후, 마음과 힘을 다하여 일을 하였다. 얼마 지나지 않아, 나무의 복숭아는 점점 익어갔다. 원숭이는 선천적으로 복숭아 먹는 것을 좋아하는지라, 오공은 잘 익은 복숭아를 바라보면서, 게걸스럽게 군침을 줄줄 흘렸다. 그러나 곁에는 항상 토지신 등 사람들이 있어, 맛을 볼 기회가 없었다. 이날, 그는 한 가지 꾀를 내어 사람들에게 말했다. "내가 오늘 좀 피곤하여 졸음이 오는군. 여러분은 먼저 물러가시오, 나는 이 정자에서 잠시 선잠이나 자야겠소."

代管 dàiguǎn 대신 관리하다 (돌보다) ┃ 株 zhū 그루 ┃ 熟 shú 익다, 여물다 ┃ 升天 shēngtiān 승천하다, 하늘에 오르다 ┃ 齐 qí 나란히 하다 ┃ 尽心尽力 jìn xīn jìn lì 마음과 힘을 다하다 ┃ 成熟 chéngshú (과일·곡식 따위가) 익다 ┃ 馋 chán 게걸스럽다, 식욕이 많다 ┃ 口水 kǒushuǐ 군침 ┃ 机会 jīhuì 기회 ┃ 尝鲜 chángxiān 맛보다, 맛있는 것을 먹다 ┃ 主意 zhǔyi 생각, 꾀 ┃ 困倦 kùnjuàn 피곤하여 졸리다 ┃ 小睡 xiǎoshuì 겉잠, 선잠

等大家都走了，他脱了外衣，摘下帽子，爬上
Děng dàjiā dōu zǒu le, tā tuō le wàiyī, zhāixià màozi, páshàng

大树，摘那熟透的桃子，好好吃了一顿。从此以后，
dàshù, zhāi nà shútòu de táozi, hǎohāo chī le yí dùn. Cóngcǐ yǐhòu,

他没过两三天就来这么一回，偷吃一顿桃子。
tā méi guò liǎng sān tiān jiù lái zhème yì huí, tōuchī yí dùn táozi.

没过多久，蟠桃盛会的日子到了，王母娘娘派
Méi guò duōjiǔ, pántáo shènghuì de rìzi dào le, Wángmǔniángniang pài

了七个仙女手提花篮来蟠桃园里摘桃。守护桃园的
le qī ge xiānnǚ shǒutí huālán lái pántáoyuán li zhāi táo. Shǒuhù táoyuán de

土地神说："今年不比往年，玉帝派齐天大圣管理
Tǔdìshén shuō : "Jīnnián bùbǐ wǎngnián, Yùdì pài Qítiāndàshèng guǎnlǐ

桃园，你们摘桃，要请示大圣。"七仙女只好跟随
táoyuán, nǐmen zhāi táo, yào qǐngshì dàshèng." Qī xiānnǚ zhǐhǎo gēnsuí

土地进园来找大圣。可是亭子里只有大圣的外衣和
Tǔdì jìn yuán lái zhǎo dàshèng. Kěshì tíngzi li zhǐyǒu dàshèng de wàiyī hé

帽子，不见大圣的踪影。原来悟空在树上吃饱了桃
màozi, bú jiàn dàshèng de zōngyǐng. Yuánlái Wùkōng zài shùshang chībǎo le táo-

子，变成个二寸长的小人儿，在大树树枝上睡着了。
zi, biànchéng ge èr cùn cháng de xiǎorénr, zài dàshù shùzhī shang shuìzháo le.

七仙女找不到大圣，着急地说："我们奉旨摘桃，
Qī xiānnǚ zhǎo bu dào dàshèng, zháojí de shuō : "Wǒmen fèngzhǐ zhāi táo,

怎么敢空着手回去见王母娘娘？"
zěnme gǎn kōng zhe shǒu huíqù jiàn Wángmǔniángniang?"

摘下 zhāixià (열매 따위를) 따다. (모자 따위를) 벗다 ┃ 熟透 shútòu 잘 익다 ┃ 一顿 yí dùn 식사의 한 끼 ┃ 盛会 shènghuì 성대한 모임 ┃ 王母娘娘 Wángmǔniángniang (자식을 점지해 주는) 여신의 이름, 삼신할머니 ┃ 手提 shǒutí 손에 드는, 휴대하는 ┃ 花篮 huālán 꽃바구니 ┃ 守护 shǒuhù 지키다 ┃ 请示 qǐngshì 지시를 바라다, 물어보다 ┃ 踪影 zōngyǐng 종적, 행방 ┃ 空手 kōngshǒu 맨손

　사람들이 모두 물러가기를 기다렸다가 그는 겉옷을 벗고 모자를 벗어놓고는, 큰 나무 위로 올라가 그 잘 익은 복숭아를 따서 한끼 식사로 아주 잘 먹었다. 그 뒤로 그는 이삼일도 못 버티고 이렇게 한번씩 와서는, 한끼 식사로 몰래 복숭아를 먹곤 했다.

　얼마 지나지 않아, 선도원 큰 잔치가 열리는 날이 되자, 서왕모는 일곱 명의 선녀를 보내 손에 꽃바구니를 들고 선도원에 와서 복숭아를 따도록 했다. 복숭아 과수원을 지키던 토지신이 말했다. "올해는 예년과 달라, 옥황상제님께서 제천대성을 파견하여 복숭아 과수원을 관리하도록 하셨으니, 여러분께서 복숭아를 따려면 대성께 지시를 받아야 합니다." 일곱 선녀는 하는 수 없이 토지신을 따라서 복숭아 과수원으로 들어와 대성을 찾았다. 그러나 정자에는 단지 대성의 겉옷과 모자만 있을 뿐, 대성의 모습은 보이지 않았다. 알고 보니 오공은 나무 위에서 복숭아를 배불리 먹고 두 치 길이의 작은 사람으로 변하여, 큰 나무의 나뭇가지 위에서 잠이 들어 있었다. 일곱 선녀는 대성을 찾지 못하자, 마음을 졸이며 말했다. "저희는 복숭아를 따오라는 명을 받았는데, 어찌 감히 빈손으로 돌아가 서왕모 마마를 뵐 수 있겠습니까?"

土地神说："大圣闲散惯了，不知又到哪儿去了。
Tǔdìshén shuō : "Dàshèng xiánsǎn guàn le, bù zhī yòu dào nǎr qù le.

这样吧，你们先去摘桃，等大圣回来我替你们说。"
Zhèyàng ba, nǐmen xiān qù zhāi táo, děng dàshèng huílái wǒ tì nǐmen shuō."

七位仙女开始摘桃。她们先在前排的树上摘了
Qī wèi xiānnǚ kāishǐ zhāi táo. Tāmen xiān zài qiánpái de shùshang zhāi le

两篮小桃子，又在中间的树上摘了三篮中等大小的
liǎng lán xiǎo táozi, yòu zài zhōngjiān de shùshang zhāi le sān lán zhōngděng dàxiǎo de

桃子。来到后排一看，只见树上稀稀拉拉，只剩几
táozi. Láidào hòupái yí kàn, zhǐjiàn shùshang xīxīlālā, zhǐ shèng jǐ

个半生不熟的桃子。原来那些熟透的都被悟空吃了。
ge bàn shēng bù shú de táozi. Yuánlái nàxiē shútòu de dōu bèi Wùkōng chī le.

仙女看见树上有个半熟的桃子，扯下枝条摘那桃子。
Xiānnǚ kànjiàn shùshang yǒu ge bànshú de táozi, chěxià zhītiáo zhāi nà táozi.

哪知悟空正睡在这树枝上，被仙女惊醒。他现出本
Nǎzhī Wùkōng zhèng shuìzài zhè shùzhī shang, bèi xiānnǚ jīngxǐng. Tā xiànchū běn-

相，从耳朵里掏出金箍棒，喝问道："哪里来的妖女，
xiàng, cóng ěrduo li tāochū jīngūbàng, hèwèn dào : "Nǎli lái de yāonǚ,

敢来偷摘仙桃！"吓得七位仙女一起跪下，将来意
gǎn lái tōu zhāi xiān táo!" Xià de qī wèi xiānnǚ yìqǐ guìxià, jiāng láiyì

说了一遍。
shuō le yí biàn.

闲散 xiánsǎn 한가하고 자유롭다 ｜ 惯 guàn 습관이 되다, 익숙해지다 ｜ 稀稀拉拉 xīxīlālā 드문드문, 띄엄띄엄 ｜ 剩 shèng 남다 ｜ 半生不熟 bàn shēng bù shú 덜 익다 ｜ 扯下 chěxià 끌어내리다 ｜ 枝条 zhītiáo (나뭇)가지 ｜ 哪知 nǎzhī 뜻밖에, 의외로 ｜ 惊醒 jīngxǐng 깜짝 놀라서 깨다 ｜ 现出 xiànchū 나타나다, 드러나다 ｜ 本相 běnxiàng 진상, 원형 ｜ 掏 tāo (손이나 공구로) 물건을 꺼내다, 끄집어내다 ｜ 喝问 hèwèn 소리 질러 (큰소리로) 묻다 ｜ 来意 láiyì 온 뜻, 온 이유

토지신이 말했다. "대성께선 한가로이 노는 게 습관이 되셔서, 또 어디로 가셨는지 모르겠군요. 이렇게 하지요, 여러분들은 우선 가서서 복숭아를 따시고, 대성께서 돌아오시면 제가 여러분을 대신하여 말씀드리겠습니다."

일곱 명의 선녀는 복숭아를 따기 시작하였다. 그녀들은 먼저 앞줄의 나무에서 두 바구니에 작은 복숭아를 따고, 다시 중간에 있는 나무에서 세 바구니에 중간 정도 크기의 복숭아를 땄다. 뒷줄에 가서 보니, 나무 위에는 드문드문 덜 익은 복숭아 몇 개만 남아있었다. 알고 보니 잘 익은 것들은 모두 오공이 먹어버렸던 것이다. 선녀는 나무 위에 반쯤 익은 복숭아를 발견하고는, 나뭇가지를 끌어내려 그 복숭아를 땄다. 뜻밖에 오공이 마침 그 나뭇가지 위에서 잠을 자고 있다가 선녀 때문에 깜짝 놀라 잠에서 깨어났다. 그는 본래 모습으로 나타나, 귓속에서 여의봉을 꺼내 호통을 치며 물었다. "어디서 온 요망한 계집들이기에, 감히 선도를 몰래 따러 왔단 말이냐!" 깜짝 놀란 선녀들은 모두 무릎을 꿇고, 오게 된 이유를 한 차례 이야기하였다.

悟空听了，转怒为喜，问道："王母娘娘在瑶
Wùkōng tīng le, zhuǎn nù wéi xǐ, wèndào : "Wángmǔniángniang zài yáo-

池[1] 做蟠桃盛会，请的都是谁呀？"仙女们回答："请
chí zuò pántáo shènghuì, qǐng de dōu shì shéi ya?" Xiānnǚmen huídá : "Qǐng

的有佛祖、菩萨、圣僧、罗汉[2]，四方五岳各路神仙。"
de yǒu fózǔ、púsà、shèngsēng、luóhàn, sìfāng Wǔ yuè gèlù shénxiān."

悟空又问："请了俺齐天大圣没有？"七仙女说："没
Wùkōng yòu wèn : "Qǐng le ǎn Qítiāndàshèng méiyǒu?" Qī xiānnǚ shuō : "Méi

听说有你。"悟空心想："俺老孙是齐天大圣，你王
tīngshuō yǒu nǐ." Wùkōng xīn xiǎng : "Ǎn lǎo Sūn shì Qítiāndàshèng, nǐ Wáng-

母娘娘竟然这样轻视我！哼！我叫你蟠桃盛会开不
mǔniángniang jìngrán zhèyàng qīngshì wǒ! Hēng! Wǒ jiào nǐ pántáo shènghuì kāi bu

成！"悟空使了个定身法，"定！定！定！"把七
chéng!" Wùkōng shǐ le ge dìngshēnfǎ, "Dìng! Dìng! Dìng!" bǎ qī

个仙女定在桃树下面，纵身跳上云头，直奔瑶池
ge xiānnǚ dìngzài táoshù xiàmian, zòngshēn tiàoshàng yúntóu, zhíbēn yáochí

而来。
ér lái.

只见瑶池上百花争艳，香气缭绕，桌子上摆着
Zhǐjiàn yáochí shang bǎihuā zhēng yàn, xiāngqì liáorào, zhuōzi shang bǎi zhe

各种美味佳肴，众位神仙都还没有到。忽然，大圣
gèzhǒng měiwèi jiāyáo, zhòngwèi shénxiān dōu hái méiyǒu dào. Hūrán, dàshèng

闻到一股酒香，几个酿酒仙官正在长廊里面准备酒。
wéndào yì gǔ jiǔxiāng, jǐ ge niàngjiǔ xiānguān zhèngzài chángláng lǐmian zhǔnbèi jiǔ.

竟然 jìngrán 뜻밖에도, 의외로 ｜ 定身 dìngshēn 몸을 굳어지게 하다 ｜ 百花争艳 bǎihuā zhēng yàn
온갖 꽃들이 아름다움을 다투다 ｜ 美味 měiwèi 맛있는 음식 ｜ 佳肴 jiāyáo 맛있는 요리 ｜ 酿酒
niàngjiǔ 술을 빚다, 술을 담그다 ｜ 长廊 chángláng 긴 복도 ｜ 准备 zhǔnbèi 준비하다

화내던 오공은 듣고서 기뻐하며 물었다. "서왕모께서 요지에서 선도원 잔치를 여시면서, 초대하는 분은 누구이시더냐?" 선녀들이 대답하였다. "초대하는 분은 부처님, 보살님, 성승, 나한, 사방오악에 계시는 각 신선들이십니다." 오공이 다시 물었다. "이 제천대성님은 초대하지 않으셨더냐?" 일곱 선녀가 말했다. "당신이 있다는 말은 듣지 못하였습니다." 오공은 마음속으로 생각했다. '이 몸은 제천대성이신데, 너 서왕모가 뜻밖에 이리도 나를 얕잡아보다니! 흥! 내 너희들이 선도원 잔치를 열지 못하도록 만들어 주겠다!' 오공은 정신법을 사용하여, "굳어져라! 굳어져라! 굳어져!"라고 주문을 외워 일곱 명의 선녀를 복숭아나무 아래에 굳어지게 해놓고, 구름에 훌쩍 뛰어올라 곧장 요지로 내달려갔다.

요지에는 온갖 꽃들이 아름다움을 다투며 향기가 감돌고, 상 위에는 갖가지 맛있는 음식과 요리들이 차려져 있는 것만 보이고, 여러 신선들은 아직 아무도 오지 않았다. 홀연 대성은 술내음을 맡게 되었는데, 술을 빚는 몇 명의 신선 벼슬아치들이 때마침 긴 복도 안쪽에서 술을 준비하고 있었다.

1 瑤池 : 신선이 있는 곳으로, 여기서는 전설에서 서왕모가 살았다는 선경(仙境)을 말한다.

2 罗汉 : '고귀한 사람'이라는 뜻의 아라한(阿羅漢)의 준말. 소승 불교에서, 모든 번뇌를 끊고 사제(四諦)의 이치를 깨달아 열반의 경지에 이른 완전해진 성자를 이르는 말로, 부처를 일컫는 열 가지 칭호 중 하나이다.

悟空拔出几根毫毛，在嘴里嚼烂，喷出来说声
Wùkōng báchū jǐ gēn háomáo, zài zuǐli jiáolàn, pēn chūlái shuō shēng

"变！"就变成几个瞌睡虫，飞到仙官脸上，他们
"Biàn!" jiù biànchéng jǐ ge kēshuìchóng, fēidào xiānguān liǎnshang, tāmen

马上昏昏睡去。悟空挑了些可口酒菜，来到长廊下，
mǎshàng hūnhūn shuìqù. Wùkōng tiāo le xiē kěkǒu jiǔcài, láidào chángláng xià,

一边吃一边搬起酒坛痛饮，不一会儿就喝得酩酊大
yìbiān chī yìbiān bānqǐ jiǔtán tòngyǐn, bùyíhuìr jiù hē de mǐng dǐng dà

醉。迷迷糊糊的时候，忽然想到："不好！我偷吃
zuì. mímihūhū de shíhou, hūrán xiǎngdào : "Bùhǎo! Wǒ tōuchī

了席上的美酒佳肴，等一会儿神仙们到了，一定会
le xíshang de měijiǔ jiāyáo, děng yíhuìr shénxiānmen dào le, yídìng huì

怪罪我，不如赶紧回府睡大觉去！"
guàizuì wǒ, bùrú gǎnjǐn huí fǔ shuì dàjiào qù!"

　　오공이 털을 몇 가닥 뽑아 입 속에서 잘근잘근 씹어서는 밖으로 내뱉으며, "변해라!" 하고 소리쳤다. 그러자 바로 최면벌레 몇 마리로 변하여 신선 벼슬아치들의 얼굴 위로 날아갔고, 그들은 곧바로 깊은 잠에 빠져 버렸다. 오공은 맛있는 술과 안주들을 골라 긴 복도 아래로 와, 먹으면서 한편으로는 술독을 들어 실컷 술을 마셨다. 얼마 되지 않아 오공은 술에 곤드레만드레 취해버렸다. 몽롱해져 있을 때, 문득 '안되겠는데! 내가 잔치의 맛있는 술과 음식들을 몰래 훔쳐 먹었으니, 머지않아 신선들이 오면 반드시 나를 책망할 테니, 얼른 제천부로 돌아가서 잠이나 실컷 자는 편이 낫겠다!'라는 생각을 했다.

瞌睡虫 kēshuìchóng (옛 소설에서) 사람을 졸게 하는 벌레　ㅣ　昏昏 hūnhūn 깊이 잠든 모양　ㅣ　可口 kěkǒu 맛있다　ㅣ　酒菜 jiǔcài 술과 안주　ㅣ　酒坛 jiǔtán 술독　ㅣ　痛饮 tòngyǐn 실컷 술을 마시다　ㅣ　酩酊大醉 mǐng dǐng dà zuì 곤드레만드레 취하다　ㅣ　迷迷糊糊 mímihūhū 몽롱하다, 정신이 없다　ㅣ　怪罪 guàizuì 책망하다, 원망하다　ㅣ　赶紧 gǎnjǐn 서둘러, 재빨리

悟空带着醉意，摇摇晃晃走出了瑶池，三转两
Wùkōng dài zhe zuìyì, yáoyaohuànghuàng zǒuchū le yáochí, sān zhuàn liǎng

转走错了路，来到了太上老君的兜率宫[3]门前。悟空
zhuàn zǒucuò le lù, láidào le Tàishànglǎojūn de Dōushuàigōng ménqián. Wùkōng

心想："既然走错了，不如趁机拜访一下这位老儿。"
xīn xiǎng : "Jìrán zǒucuò le, bùrú chènjī bàifǎng yíxià zhè wèi lǎor."

他走进门去，四下里不见一个人。悟空出了大殿，
Tā zǒujìn mén qù, sìxià li bú jiàn yí ge rén. Wùkōng chū le dàdiàn,

又闯进老君的炼丹房，只见丹炉旁边放着五只大葫
yòu chuǎngjìn lǎojūn de liàndānfáng, zhǐjiàn dānlú pángbiān fàng zhe wǔ zhī dà hú-

芦。悟空心中暗自高兴：这葫芦里一定是金丹[4]，今
lu. Wùkōng xīnzhōng ànzì gāoxìng : Zhè húlu li yídìng shì jīndān, jīn-

天该俺老孙走运，可以尝尝金丹的味道。这样想着，
tiān gāi ǎn lǎo Sūn zǒuyùn, kěyǐ chángchang jīndān de wèidao. Zhèyàng xiǎng zhe,

他搬起葫芦，把金丹倒出来，像吃炒豆一样，一把
tā bānqǐ húlu, bǎ jīndān dào chūlái, xiàng chī chǎodòu yíyàng, yì bǎ

一把，把五个葫芦里的金丹全都吃掉了。
yì bǎ, bǎ wǔ ge húlu li de jīndān quán dōu chīdiào le.

吃下金丹，他的酒也醒了。心想："不好！这
Chīxià jīndān, tā de jiǔ yě xǐng le. Xīn xiǎng : "Bùhǎo! Zhè-

次祸闯大了。我搅了蟠桃会，偷吃了金丹，玉帝老儿
cì huò chuǎng dà le. Wǒ jiǎo le pántáohuì, tōuchī le jīndān, Yùdì lǎor

绝不会轻饶我。三十六计[5]，走为上策，还是回我的
jué búhuì qīngráo wǒ. Sānshíliù jì, zǒu wéi shàng cè, háishì huí wǒ de

花果山去吧。"
Huāguǒshān qù ba."

오공은 취기를 띠고 이리 비틀 저리 비틀 요지를 걸어 나와서, 이리저리 맴돌다 길을 잘못 들더니, 태상노군이 사는 도솔궁 문 앞에 이르게 되었다. 오공은 마음속으로 '기왕에 길을 잘못 든 거, 이참에 이 노인네나 한번 만나보는 것이 좋겠다.'라고 생각하였다. 그가 문안으로 걸어 들어가니, 사방에 사람이라고는 한 명도 보이지 않았다. 오공은 대전을 나와, 다시 노군의 금단을 만드는 방에까지 뛰어 들어갔고, 마침 금단을 만드는 화로 옆에 큰 표주박 다섯 개가 놓여 있는 것이 보였다. 오공은 마음속으로 남몰래 기뻐하며, '이 표주박 속에는 분명 금단이 들어 있을 거야, 오늘 이 손오공님이 운수가 트여, 금단을 맛볼 수 있게 되었군.' 이런 생각을 하며, 그는 표주박을 옮겨서 금단을 쏟아 놓고는, 볶은 콩을 먹듯이 한 움큼 한 움큼씩 표주박 다섯 개의 금단을 모두 먹어버렸다.

금단을 먹고 나니, 그의 술도 깨었다. 마음속으로 생각했다. '안 되겠군! 이번에는 아주 크게 사고를 쳤어. 내가 선도원 잔치를 어지럽히고, 금단까지 훔쳐 먹었으니, 옥황상제 늙은이가 절대 나를 쉬이 용서하지 않을 게야. 삼십육계 줄행랑이 상책이겠군. 역시 나의 화과산으로 돌아가는 것이 좋겠어.'

3 **兜率宫** : 도교 전설에서 태상노군(太上老君)이 거주하는 곳.

4 **金丹** : 도교에서 주사와 납 그리고 수은과 같은 광물질을 원료로 하여 화롯불로 구워서 만든 비방의 단약.

5 **三十六计** : 『제서(薺書)』의 「왕경즉전(王敬則傳)」에 나오는 36가지의 책략 중에 '달아나는 것이 가장 나은 계책이다'라는 말이 줄어서 '삼십육계'가 되었다.

醉意 zuìyì 취기 ┃ **摇摇晃晃** yáoyaohuànghuàng 흔들흔들 움직이다 ┃ **三转两转** sān zhuàn liǎng zhuàn 이리저리 맴돌다 ┃ **四下里** sìxià li 사방, 주변 ┃ **炼丹** liàndān 단약(丹藥)을 만들다 ┃ **葫芦** húlu 표주박, 조롱박 ┃ **心中** xīnzhōng 마음속 ┃ **暗自** ànzì 몰래, 속으로 ┃ **走运** zǒuyùn 운수가 트이다. 운이 좋다 ┃ **味道** wèidao 맛 ┃ **炒豆** chǎodòu 볶은 콩 ┃ **祸** huò 사고, 화

想到这里，他跑出兜率宫，也不敢走南天门，
Xiǎngdào zhèlǐ, tā pǎochū Dōushuàigōng, yě bùgǎn zǒu Nántiānmén,

悄悄绕到西天门，一看这里也有天兵把守。赶紧使
qiāoqiāo ràodào Xītiānmén, yí kàn zhèlǐ yě yǒu tiānbīng bǎshǒu. Gǎnjǐn shǐ

了一个隐身法，从西天门里溜了出来，一个筋斗云
le yí ge yǐnshēnfǎ, cóng Xītiānmén li liū le chūlái, yí ge jīndǒuyún

回到了花果山。
huídào le Huāguǒshān.

再说那七个仙女被悟空定在蟠桃园里，一天一
Zàishuō nà qī ge xiānnǚ bèi Wùkōng dìngzài pántáoyuán li, yì tiān yí

夜才解脱。她们急忙回来向王母娘娘禀报。王母非
yè cái jiětuō. Tāmen jímáng huílái xiàng Wángmǔniángniang bǐngbào. Wángmǔ fēi-

常气愤，去玉帝那里告状，话还没说完，那酿酒的
cháng qìfèn, qù Yùdì nàli gàozhuàng, huà hái méi shuōwán, nà niàng jiǔ de

仙官就来禀报："有人偷喝了玉液琼浆，偷吃了美
xiānguān jiù lái bǐngbào : "Yǒu rén tōuhē le yù yè qióng jiāng, tōuchī le měi-

味佳肴，搅了蟠桃盛会！"正吵嚷着，太上老君气
wèi jiāyáo, jiǎo le pántáo shènghuì!" Zhèng chǎorǎng zhe, Tàishànglǎojūn qì-

急败坏地跑过来："我为陛下炼的'九转金丹'全
jí bài huài de pǎo guòlái : "Wǒ wèi bìxià liàn de 'Jiǔzhuǎn jīndān' quán

被偷吃了！"玉帝听了这些，非常生气："天宫里
bèi tōuchī le!" Yùdì tīng le zhèxiē, fēicháng shēngqì : "Tiāngōng li

闹成这样，一定是那个大胆猴头干的，你们快给
nàochéng zhèyàng, yídìng shì nà ge dàdǎn hóutóu gàn de, nǐmen kuài gěi

我查明真相！"
wǒ chámíng zhēnxiàng!"

여기까지 생각하고, 그는 도솔궁을 뛰어나와 그래도 감히 남천문으로는 가지 못하고, 슬그머니 서천문까지 돌아왔는데, 언뜻 이곳에도 천병이 지키고 있는 것이 보였다. 재빨리 은신법을 사용하여 서천문 안에서 몰래 빠져나와서는, 근두운으로 화과산에 돌아왔다.

한편 그 일곱 선녀는 오공에 의해 선도원 안에서 꼿꼿이 서 있다가, 하루가 지난 뒤에야 풀려났다. 그녀들은 황급히 돌아와 서왕모에게 아뢰었다. 서왕모는 몹시 화가 나서 옥황상제가 있는 곳에 가서 일러바쳤는데, 이야기가 아직 다 끝나지도 않았는데, 술을 빚는 그 신선 벼슬아치가 와서 아뢰었다. "누군가 옥으로 만든 즙을 훔쳐 마시고, 맛있는 음식과 요리들을 몰래 먹어, 선도원 잔치를 망쳐 버렸습니다!" 막 큰 소리로 떠들고 있는데, 태상노군이 다급해서 허둥대며 뛰어와서는, "제가 폐하를 위해 만든 '구전금단'을 누군가 전부 훔쳐 먹어버렸습니다!"라고 보고했다. 옥황상제는 이러한 이야기들을 듣고 매우 화가 났다. "천궁 안을 이렇게 소란스럽게 하다니, 분명 그 대담한 원숭이놈이 한 짓일 것이다. 너희들은 당장 내게 진상을 조사하여 밝히도록 하여라."

悄悄 qiāoqiāo 슬그머니, 은밀히 | 溜 liū 미끄러지다, 몰래 빠져 나가다 | 一天一夜 yì tiān yí yè 하루 낮 하루 밤, 하루 | 解脱 jiětuō 벗어나다 | 气愤 qìfèn 분노하다, 화나다 | 玉液琼浆 yù yè qióng jiāng 옥으로 만든 즙, 미주(美酒) | 吵嚷 chǎorǎng 큰소리로 떠들다 | 气急败坏 qìjí bài huài (노엽거나 다급하여) 정신을 못 차리다, 몹시 허둥거리다 | 大胆 dàdǎn 대담하다 | 查明 chámíng 조사하여 밝히다

不一会儿，仙官回来报告，搅乱天庭的果然是
Bùyíhuìr, xiānguān huílái bàogào, jiǎoluàn tiāntíng de guǒrán shì

孙悟空，他已经逃回花果山去了。玉帝立即传旨，
Sūn Wùkōng, tā yǐjing táohuí Huāguǒshān qù le. Yùdì lìjí chuánzhǐ,

命托塔李天王率领哪吒太子、二十八宿 [6]、九曜星
mìng Tuōtǎ Lǐ tiānwáng shuàilǐng Nézhā tàizǐ、èrshíbāxiù、Jiǔyàoxīng-

官 [7] 等天将，点起十万天兵，布下十八架天罗地网，
guān děng tiānjiàng, diǎnqǐ shíwàn tiānbīng, bùxià shíbā jià tiān luó dì wǎng,

去围剿花果山，一定要捉拿那猴头。
qù wéijiǎo Huāguǒshān, yídìng yào zhuōná nà hóutóu.

李天王率领天兵天将，把个花果山围得水泄不
Lǐ tiānwáng shuàilǐng tiānbīng tiānjiàng, bǎ ge Huāguǒshān wéi de shuǐ xiè bù

通。布好阵势，李天王命九曜星官来打头阵。九曜
tōng. Bù hǎo zhènshì, Lǐ tiānwáng mìng Jiǔyàoxīngguān lái dǎ tóu zhèn. Jiǔyào

来到水帘洞前，大声喊道："我们是上界 [8] 派来的
láidào Shuǐliándòng qián, dàshēng hǎndào : "Wǒmen shì shàngjiè pàilái de

天神，前来捉拿造反的大圣，叫他快快出来投降！"
tiānshén, qiánlái zhuōná zàofǎn de dàshèng, jiào tā kuàikuài chūlái tóuxiáng!"

悟空正在洞里喝酒猜拳，听了小猴的报告，说："别
Wùkōng zhèngzài dòngli hējiǔ cāiquán, tīng le xiǎo hóu de bàogào, shuō : "Bié

理他，喝咱们的酒。"不一会儿，又有小猴来报告：
lǐ tā, hē zánmen de jiǔ." Bùyíhuìr, yòu yǒu xiǎo hóu lái bàogào :

"不好了，那九个凶神已经把洞门打破，杀了进来。"
"Bùhǎo le, nà jiǔ ge xiōngshén yǐjing bǎ dòngmén dǎpò, shā le jìnlái."

搅乱 jiǎoluàn 뒤흔들어 어지럽히다　｜　天庭 tiāntíng 하늘　｜　布 bù 배치하다, 늘어놓다　｜　天罗地网
tiān luó dì wǎng 빈틈없는 경계망을 치다　｜　围剿 wéijiǎo 포위하여 토벌하다　｜　水泄不通 shuǐ xiè bù
tōng 물샐틈없다, 경계가 삼엄하다　｜　阵势 zhènshì 진형, 상황　｜　打头阵 dǎ tóu zhèn 선두에 서다, 선
봉을 맡다　｜　猜拳 cāiquán 술자리에서 하는 가위바위보 놀이　｜　打破 dǎpò 때려 부수다

얼마 지나지 않아, 신선 벼슬아치가 돌아와 보고하니, 하늘을 어지럽힌 것은 과연 손오공의 짓으로, 그는 이미 화과산으로 도망쳤다는 것이다. 옥황상제는 즉시 교지를 내려 탁탑 이천왕에게 나타 태자, 이십팔수, 구요성관 등 천군의 장수를 거느리고, 십만의 천병을 출동시켜 열여덟 겹으로 빈틈없이 경계망을 쳐서, 화과산을 포위하여 반드시 그 원숭이놈을 붙잡아오라고 명령하였다.

이천왕은 천병과 천군의 장수들을 거느리고, 화과산을 물샐틈없이 포위하였다. 진형을 모두 배치하고, 이천왕은 구요성관을 선봉에 서도록 하였다. 구요성관은 수렴동 앞에 와서 큰소리로 외쳤다. "우리는 하늘나라에서 파견된 천신으로, 반란을 일으킨 대성을 잡으러 왔으니, 그에게 빨리 나와 항복하라고 해라!" 오공은 마침 동굴 안에서 술을 마시며 가위바위보 놀이를 하고 있다가, 졸개 원숭이의 보고를 듣고는, "그놈은 상관 말고, 우리 술이나 마시자꾸나."라고 말했다. 얼마 되지 않아, 또 졸개원숭이가 와서 보고하였다. "안 되겠습니다, 그 아홉 명의 흉악한 신들이 벌써 동굴 문을 부수고, 죽인다고 쳐들어왔습니다."

6 二十八宿 : 고대 중국의 천문학에서는 천체의 별을 28개의 성좌로 나누어 '이십팔수'라고 불렀으며, 각 성좌에는 각각 7개의 별이 있다. 도교에서는 이곳을 지키는 28명의 장수를 두었다.

7 九曜星官 : 우주에 있는 아홉 개의 거대한 붙박이별로, 일요, 월요, 화요, 수요, 목요, 금요, 토요, 계도(計都), 나후(羅睺)를 말한다.

8 上界 : 하늘 세계로, 불교에서는 신선과 부처가 거주하는 곳을 가리킨다.

悟空把酒杯一扔：“鸟毛神，敢上门欺负俺，
Wùkōng bǎ jiǔbēi yì rēng : "Niǎomáoshén, gǎn shàngmén qīfu ǎn,

实在不能容忍！”说着命七十二洞妖王迎战。哪知
shízài bùnéng róngrěn!" Shuō zhe mìng qīshí'èr dòng yāowáng yíngzhàn. Nǎzhī

那九曜星十分厉害，把七十二洞妖王挡在铁板桥头，
nà Jiǔyàoxīng shífēn lìhai, bǎ qīshí'èr dòng yāowáng dǎngzài tiěbǎn qiáotóu,

没法出去。正在这时，大圣手持金箍棒，大喊一声，
méi fǎ chūqù. Zhèngzài zhèshí, dàshèng shǒuchí jīngūbàng, dàhǎn yì shēng,

一路打出洞来。九曜星想拦住，哪里拦得住，只好
yílù dǎchū dòng lái. Jiǔyàoxīng xiǎng lánzhù, nǎli lán de zhù, zhǐhǎo

退到桥外。
tuìdào qiáowài.

　　오공은 술잔을 내던지며, "새털같이 하찮은 신 놈들, 감히 남의 집까지 찾아와
날 괴롭히다니, 정말 용서해 줄 수가 없구나!"라고 말을 하면서 일흔두 개 동굴의
요괴 왕에게 나가 맞서 싸우라고 명령하였다. 뜻밖에도 그 구요성은 실력이 대단
하여, 일흔두 개 동굴의 요괴왕을 철판교 어귀에 막아놓아 나갈 수 없게 만들었다.
바로 이때, 대성이 손에 여의봉을 들고 큰소리로 외치며 동굴에서 치고 나갔다.
구요성은 이를 막으려 하였지만 어디 막을 수 있겠는가, 그는 어쩔 수 없이 다리
밖으로 물러났다.

九曜星对悟空喊："你这猴头，偷桃、偷酒，
Jiǔyàoxīng duì Wùkōng hǎn : "Nǐ zhè hóutóu, tōu táo、tōu jiǔ,

搅了蟠桃盛会，又偷吃老君的金丹。还不乖乖投
jiǎo le pántáo shènghuì, yòu tōuchī lǎojūn de jīndān. Hái bù guāiguāi tóu-

降！"悟空哈哈大笑："这几桩事，正是俺老孙干的，
xiáng!" Wùkōng hāhā dàxiào : "Zhè jǐ zhuāng shì, zhèngshì ǎn lǎo Sūn gàn de,

你敢把孙爷爷怎么样！"
nǐ gǎn bǎ Sūn yéye zěnmeyàng!"

九曜仗着人多，呼啦一下把悟空围在当中。悟
Jiǔyào zhàng zhe rén duō, hūlā yíxià bǎ Wùkōng wéizài dāngzhōng. Wù-

空金箍棒抡成一阵风，把九曜战得筋疲力尽，一个
kōng jīngūbàng lūnchéng yízhènfēng, bǎ Jiǔyào zhàn de jīn pí lì jìn, yígè-

个败下阵来。李天王接着命四大天王和二十八宿一
gè bàixià zhèn lái. Lǐ tiānwáng jiēzhe mìng Sìdàtiānwáng hé Èrshíbāxiù yì-

起围攻悟空，悟空也不惧怕，调集猴兵和七十二洞
qǐ wéigōng Wùkōng, Wùkōng yě bú jùpà, diàojí hóubīng hé qīshí'èr dòng

妖王摆开阵势迎战。这场混战从早上一直打到日落
yāowáng bǎikāi zhènshì yíngzhàn. Zhè chǎng hùnzhàn cóng zǎoshang yìzhí dǎdào rì luò

西山，大圣只顾在天上抵抗李天王、哪吒太子，不
xī shān, dàshèng zhǐgù zài tiānshang dǐkàng Lǐ tiānwáng、Nézhā tàizǐ, bú-

料七十二洞妖王被天神捉了去。悟空急忙拔下一撮
liào qīshí'èr dòng yāowáng bèi tiānshén zhuō le qù. Wùkōng jímáng báxià yì zuǒ

毫毛，变出千百个猴王，个个手持金箍棒，打退了
háomáo, biànchū qiān bǎi ge Hóuwáng, gègè shǒuchí jīngūbàng, dǎtuì le

李天王和哪吒太子。
Lǐ tiānwáng hé Nézhā tàizǐ.

구요성은 오공에게 소리쳤다. "너 이 원숭이놈아, 복숭아와 술을 훔쳐 먹고, 선도원 잔치를 어지럽히고, 또 태성노군의 금단까지 몰래 훔쳐 먹었지. 아직까지도 순순히 항복하지 않는단 말이냐!" 오공은 '하하' 하고 크게 웃었다. "그런 몇 가지 일들은 바로 이 손오공님께서 하신 일이긴 하다만, 네가 감히 이 손 어르신을 어떻게 하겠단 말이냐!"

구요성은 사람 수가 많은 것을 믿고, 우르르 순식간에 오공을 한복판에 두고 에워쌌다. 오공은 여의봉을 힘껏 휘둘러 한바탕 바람을 일으키며, 구요성을 싸움에서 기진맥진하게 만들어, 한사람씩 패하게 하였다. 이천왕은 이어서 사대천왕과 이십팔수와 함께 오공을 포위하여 공격하도록 명령하였지만, 오공 또한 두려워하지 않고, 원숭이 병사와 일흔두 개 동굴의 요괴왕을 집결시켜 진형을 펼치면서 맞서 싸웠다. 이 어지러운 싸움은 아침부터 해가 서쪽 산으로 질 때까지 줄곧 계속되었고, 대성은 하늘에서 오직 이천왕과 나타 태자에 대항하는 것만 생각하다보니, 뜻밖에 일흔두 개 동굴의 요괴왕이 천신들에게 잡혀가게 되었다. 오공은 서둘러 털을 한 움큼 뽑아 수많은 미후왕으로 변하게 하여, 각각 여의봉을 손에 들려 이천왕과 나타 태자를 물리쳤다.

乖乖 guāiguāi 말을 잘 듣다, 순순히　|　仗 zhàng 의지하다, 등에 업다　|　呼啦 hūlā 우르르, 후다닥　|
筋疲力尽 jīn pí lì jìn 기진맥진하다　|　围攻 wéigōng 포위하여 공격하다　|　惧怕 jùpà 두려워하다　|
调集 diàojí 집결시키다, 소집하다　|　只顾 zhǐgù 오로지, 그저　|　抵抗 dǐkàng 대항하다, 저항하다　|
不料 búliào 뜻밖에, 의외로

悟空回到洞府中，见天兵虽然捉去了七十二洞
Wùkōng huídào dòngfǔ zhōng, jiàn tiānbīng suīrán zhuōqù le qīshí'èr dòng

妖王，但是自己手下的猴子们一个也没少，就命令
yāowáng, dànshì zìjǐ shǒuxià de hóuzimen yí ge yě méi shǎo, jiù mìnglìng

摆酒宴庆功。李天王回到营地，见俘虏的都是些小
bǎi jiǔyàn qìnggōng. Lǐ tiānwáng huídào yíngdì, jiàn fúlǔ de dōu shì xiē xiǎo

妖，自己却损兵折将，还丢了不少兵器，心里十分
yāo, zìjǐ què sǔn bīng zhé jiàng, hái diū le bù shǎo bīngqì, xīnli shífēn

生气。忽然有天将禀报，二太子木叉求见。木叉是
shēngqì. Hūrán yǒu tiānjiàng bǐngbào, èrtàizǐ Mùchā qiújiàn. Mùchā shì

南海观音的大徒弟，法名惠岸。李天王叫木叉进来，
Nánhǎi Guānyīn de dàtúdì, fǎmíng Huì'àn. Lǐ tiānwáng jiào Mùchā jìnlái,

问他："你不在南海侍奉观音菩萨 ⁹，怎么跑到这儿
wèn tā : "Nǐ bú zài Nánhǎi shìfèng Guānyīnpúsà, zěnme pǎodào zhèr

来了？"木叉说："孩儿陪菩萨来赴蟠桃会，听说
lái le?" Mùchā shuō : "Hái'ér péi púsà lái fù pántáohuì, tīngshuō

父王奉旨围剿花果山，菩萨命我前来打探情况。"
fùwáng fèngzhǐ wéijiǎo Huāguǒshān, púsà mìng wǒ qiánlái dǎtàn qíngkuàng."

李天王就把出师不利的事告诉了木叉。
Lǐ tiānwáng jiù bǎ chū shī bú lì de shì gàosu le Mùchā.

木叉不知道悟空的厉害，第二天一早迎战悟空，
Mùchā bù zhīdào Wùkōng de lìhai, dì èr tiān yì zǎo yíngzhàn Wùkōng,

结果也惨败而回。李天王见木叉也打不过妖猴，更
jiéguǒ yě cǎnbài ér huí. Lǐ tiānwáng jiàn Mùchā yě dǎ bu guò yāo hóu, gèng-

加惊慌，连夜派人回天宫请求增援。
jiā jīnghuāng, liányè pài rén huí tiāngōng qǐngqiú zēngyuán.

오공은 동굴로 돌아와, 천병들이 일흔두 개 동굴의 요괴왕을 잡아가긴 하였지만, 자기 수하의 원숭이들은 하나도 줄지 않은 것을 보고, 곧 공로를 축하하는 술잔치를 열도록 명하였다. 이천왕은 주둔지로 돌아와서 포로가 모두 졸개 요괴 몇몇이고 자신은 오히려 장병을 잃고 게다가 적지 않은 병기도 잃은 것을 보고는, 마음속으로 매우 화가 났다. 갑자기 어느 천군의 장수가 보고하기를, 둘째 아들 목차가 뵙기를 청한다고 하였다. 목차는 남해 관음보살의 수제자로, 법명은 혜안이었다. 이천왕은 목차를 들어오라고 하고는, 그에게 물었다. "너는 남해에서 관음보살은 섬기지 않고, 여기는 어떻게 왔느냐?" 목차가 말했다. "소자는 보살님을 모시고 선도 잔치에 왔다가, 아버님께서 화과산을 토벌하라는 옥황상제님의 교지를 받으셨다는 것을 듣고, 보살님께서 저더러 이리로 가서 상황을 알아보라고 하셨습니다." 이천왕은 곧바로 군사를 이끌고 나가 싸웠지만 성공하지 못한 일을 목차에게 이야기하였다.

목차는 오공의 실력이 대단한지 모르고, 다음날 아침 일찍 오공과 맞서 싸웠다가 결과적으로 역시 참담하게 패하고 돌아왔다. 이천왕은 목차 역시 요망한 원숭이를 이기지 못한 것을 보고는, 더욱 당황하여 그날 밤 사람을 파견해 천궁으로 돌아가 병력 증원을 요청하도록 하였다.

9 观音菩萨 : 관자재(觀自在)보살의 별칭. 세상 사람들의 음성을 관(觀)하여 고뇌를 해탈시켜 준다는 불타·보살의 자비행을 인격화하여 보살의 존재로 표현한 것이다.

庆功 qìnggōng 공로를 축하하다 | 营地 yíngdì 주둔지 | 俘虏 fúlǔ 포로 | 损 sǔn 상실하다. 잃다 | 折 zhé 손실을 입다. 타격을 받다 | 求见 qiújiàn 면회를 신청하다 | 徒弟 túdì 제자 | 法名 fǎmíng 법명 | 侍奉 shìfèng 섬기다 | 赴 fù (~로) 가다. 향하다 | 打探 dǎtàn 물어보다. 알아보다 | 出师不利 chū shī bú lì 출병하여 싸웠지만 성공하지 못하다 | 惨败 cǎnbài 참패하다 | 惊慌 jīnghuāng 놀라 허둥지둥하다. 당황하다 | 连夜 liányè 그날 밤 (즉시 행동하는 경우) | 增援 zēngyuán 증원하다

1 본문을 읽고 다음 물음에 답하시오.

(1) 蟠桃园里的蟠桃中，在哪儿的蟠桃是九千年一熟，人吃了可以与天地齐寿？

    A. 前面的   B. 中间的   C. 后面的

(2) 王母娘娘在瑶池开蟠桃盛会，邀请的宾客不包含下列何者？

    A. 齐天大圣

    B. 四方五岳各路神仙

    C. 佛祖、菩萨、圣僧和罗汉

(3) 孙悟空如何大闹天宫？

    A. 偷吃了蟠桃、美味佳肴，破坏蟠桃盛会

    B. 偷吃了七个仙女为玉帝炼制的"九转金丹"

    C. 抓住人，脱下他们的衣裳，穿在自己身上，打扮成人的模样

2 다음 문장을 자연스러운 우리말로 옮기시오.

(1) 猴子天生喜欢吃桃，悟空看着成熟的桃子，馋得直流口水。

   ➡

(2) 我今天有点困倦，你们先退下，我在这亭子里小睡一会儿。

   ➡

3　**녹음을 듣고 빈칸에 들어갈 말을 써 넣으시오.**

(1) 悟空挑了些(　　　　)酒菜，来到长廊下，一边吃一边搬起酒坛
(　　　　)，不一会儿就喝得酩酊大醉。

(2) 李天王回到营地，见(　　　　)的都是些小妖，自己却(　　　　)。

(3) 李天王见木叉也打不过妖猴，更加(　　　　)，连夜派人回天宫请
求(　　　　)。

4　**다음 문장을 자연스러운 중국어로 옮기시오.**

(1) 뜻밖에 오공이 마침 그 나뭇가지 위에서 잠을 자고 있다가 선녀 때
문에 깜짝 놀라 잠에서 깨어났다.

➡

(2) 새털같이 하찮은 신 놈들, 감히 남의 집까지 찾아와 날 괴롭히다니,
정말 용서해줄 수가 없구나!

➡

受困五行山

在天宫里，玉帝对众人说："一个小小猴头，
Zài tiāngōng li, Yùdì duì zhòngrén shuō : "Yí ge xiǎoxiǎo hóutóu,

十万天兵还擒拿不了，这叫我再派谁去？"观音菩
shíwàn tiānbīng hái qínná bu liǎo, zhè jiào wǒ zài pài shéi qù?" Guānyīnpú-

萨见玉帝为难，说："我推荐一人，一定能捉住妖猴。"
sà jiàn Yùdì wéinán, shuō : "Wǒ tuījiàn yì rén, yídìng néng zhuōzhù yāo hóu."

玉帝忙问是什么神仙，菩萨说："就是你的外甥二
Yùdì máng wèn shì shénme shénxiān, Púsà shuō : "Jiùshì nǐ de wàisheng Èr-

郎真君杨戬。他手下有一千二百草头神，又有梅山
lángzhēnjūn Yángjiǎn. Tā shǒuxià yǒu yìqiān èrbǎi Cǎotóushén, yòu yǒu Méishān

六兄弟相助，一定能马到成功。"玉帝立即下了一
liùxiōngdì xiāngzhù, yídìng néng mǎ dào chénggōng." Yùdì lìjí xià le yí

道圣旨，调二郎神去花果山助战。
dào shèngzhǐ, diào Èrlángshén qù Huāguǒshān zhù zhàn.

二郎真君接了旨，与梅山六兄弟和草头神，带
Èrlángzhēnjūn jiē le zhǐ, yǔ Méishān liùxiōngdì hé Cǎotóushén, dài

了啸天犬，火速来到花果山。李天王听说二郎真君
le Xiàotiānquán, huǒsù láidào Huāguǒshān. Lǐ tiānwáng tīngshuō Èrlángzhēnjūn

前来，急忙迎接。
qiánlái, jímáng yíngjiē.

　천궁에서는 옥황상제가 여러 사람들에게 말했다. "작디작은 원숭이 한 마리를 십만 천병이 아직도 사로잡지 못하고 있으니, 이제 날보고 다시 누구를 보내라는 말인고?" 관음보살이 옥황상제가 난처해하는 것을 보고 말했다. "제가 한 사람을 추천하겠습니다. 반드시 요망한 원숭이놈을 잡을 수 있을 것입니다." 옥황상제가 어떤 신선인지를 급히 물으니, 보살이 말했다. "바로 폐하의 생질인 이랑진군 양전이옵니다. 그의 수하에는 천이백 명의 초두신이 있고, 또한 매산의 여섯 형제가 도와주면, 분명히 신속하게 승리를 얻을 수 있을 것입니다." 옥황상제는 즉시 교지를 내려, 이랑신을 파견해 화과산에 가서 싸움을 돕도록 하였다.

　이랑진군은 교지를 받고, 매산의 여섯 형제와 초두신과 함께 소천견을 데리고 황급히 화과산으로 왔다. 이천왕은 이랑진군이 왔다는 소리를 듣고, 얼른 이들을 맞이하였다.

擒拿 qínná 사로잡다, 붙잡다　┃　推荐 tuījiàn 추천하다　┃　外甥 wàisheng 생질, 누이의 동생　┃　手下 shǒuxià 수하　┃　相助 xiāngzhù 서로 돕다　┃　马到成功 mǎ dào chénggōng 신속하게 승리를 쟁취하다　┃　调 diào 파견하다　┃　火速 huǒsù 황급히

　　二郎神询问了双方交战情况，说："我恐怕要和猴头赌赌变化才能取胜。请托塔李天王站在天空，用照妖镜[1]为我照明妖猴的方位，别让他逃了。"

　　二郎真君布置完毕，就到水帘洞外挑战。悟空出来见了二郎，说："你是何方小将，胆敢来此挑战？"二郎回答："我是玉帝的外甥二郎，今天奉旨到这里捉拿你！"悟空说："我记得当年玉帝妹子思凡下嫁，和杨君生了一个男孩，想来就是你吧？"二郎听悟空提起这些，非常生气："猴头，少啰嗦，吃我一刀！"这二郎真君与其它天将不同，他有无穷神力，当年曾经一斧劈开桃山。这次和悟空可是棋逢对手，一口气杀了三百回合，只杀得天昏地暗，地动山摇。

이랑신은 양쪽의 교전 상황을 물어보고는 말했다. "제가 아마 원숭이놈과 둔갑을 하여 승부를 겨루어야만, 승리를 얻을 수 있을 것 같군요. 탁탑 이천왕께서는 공중에 서 계시면서, 저를 위해 조요경으로 요망한 원숭이놈의 위치를 비추셔서, 그가 도망치지 못하도록 해주십시오."

이랑진군은 배치가 모두 끝나자, 수렴동 바깥에 와서 싸움을 청하였다. 오공은 나와서 이랑을 보고 말했다. "넌 어디 사는 하찮은 장수인데, 대담하게도 여기까지 와서 싸움을 거는 것이냐?" 이랑이 대답하였다. "나는 옥황상제님의 생질인 이랑님이시다. 오늘 교지를 받들어 여기에 네놈을 붙잡으러 왔다!" 오공이 말했다. "내 기억하기로 그 당시 옥황상제의 여동생이 인간세계를 그리워하여 시집을 가서 양군과 사내아이 하나를 낳았었는데, 생각해 보니 바로 너인 게로구나?" 이랑은 오공이 이러한 말들을 하는 것을 듣고는, 매우 화가 났다. "원숭이 놈, 수다는 그만 떨고 내 칼이나 받아라!" 이 이랑진군은 다른 천군의 장수들과는 달리, 무한한 신통력을 가지고 있었는데, 한창 때에는 한번 도끼질로 도산을 반쪽으로 쪼개기도 하였다. 이번에 오공과는 아무래도 호적수를 만나게 되어, 단숨에 삼백 합을 싸웠는데도, 온 하늘과 땅이 캄캄해지고 땅과 산이 요동칠 뿐이었다.

1 照妖镜 : 요괴, 마귀 등을 비추어 그 정체를 드러내고 둔갑을 못하게 한다는 거울.

询问 xúnwèn 문의하다 | 赌 dǔ 승부를 겨루다 | 照明 zhàomíng 비추다 | 方位 fāngwèi 위치, 방향 | 布置 bùzhì 배치 | 完毕 wánbì 끝나다, 끝내다 | 挑战 tiǎozhàn (적·일·기록 갱신 따위에) 도전하다, 싸움을 걸다 | 思凡 sīfán (선인이) 인간세상을 그리워하다 | 下嫁 xià jià 신분이 낮은 사람에게 시집가다 | 啰嗦 luōsuō 말이 많다, 수다떨다 | 无穷 wúqióng 무한하다, 끝이 없다 | 劈开 pīkāi 쪼개져 잘라지다 | 棋峰对手 qí féng duì shǒu 호적수를 만나다 | 一口气 yìkǒuqì 단숨에 | 天昏地暗 tiān hūn dì àn 온 하늘과 땅이 캄캄하다 | 地动山摇 dì dòng shān yáo 땅과 산이 흔들리다

二郎神发现悟空手中的金箍棒神出鬼没，难以
Èrlángshén fāxiàn Wùkōng shǒuzhōng de jīngūbàng shén chū guǐ mò, nányǐ

战胜，摇身一变，变得身高万丈，青面獠牙，手举
zhànshèng, yáoshēn yí biàn, biàn de shēngāo wàn zhàng, qīngmiàn liáoyá, shǒu jǔ

三尖两刃刀，朝大圣头上就砍。悟空也不示弱，摇
sān jiān liǎng rèn dāo, cháo dàshèng tóushang jiù kǎn. Wùkōng yě bú shìruò, yáo-

身一变，也变得和二郎神一样高大，那根金箍棒变
shēn yí biàn, yě biàn de hé Èrlángshén yíyàng gāodà, nà gēn jīngūbàng biàn

得像昆仑山上的擎天柱 [2]，抵挡住了二郎神。
de xiàng Kūnlúnshān shang de Qíngtiānzhù, dǐdǎng zhù le Èrlángshén.

　이랑신은 오공의 손에 있는 여의봉이 신출귀몰하는 것을 발견하고는, 싸움에
이기기가 어렵다고 생각하여, 몸을 한번 흔들어 키를 만 길이나 커지게 하고, 시
퍼런 얼굴에 사나운 이를 드러낸 채, 손에는 세 갈래의 양날 칼을 들고, 대성의
머리를 향해 내리 찍었다. 오공 또한 상대에게 약함을 보이지 않고, 몸을 흔들어
이랑신만큼 큰 키로 변하였고, 그 여의봉은 곤륜산의 하늘을 받치는 기둥처럼 변
하게 하여, 이랑신을 막아냈다.

2 **擎天柱** : (중국의 전설에서) 하늘을 떠받치고 있다는 기둥, 천하의 중책을 짊어진
사람

神出鬼没 shén chū guǐ mò 신출귀몰, 동에 번쩍 서에 번쩍하다 ｜ **身高** shēngāo 신장, 키 ｜ **青面獠牙** qīngmiàn liáoyá 시퍼런 얼굴로 이를 드러내다, 험상궂은 얼굴 ｜ **尖** jiān 물체의 날카로운 끝부분이나 뾰족한 윗부분 ｜ **刃** rèn (칼·가위 따위의) 날 ｜ **朝** cháo ～를 향해 ｜ **示弱** shìruò (상대보다) 약함을 드러내다

这时，李天王乘机命四大天王擒拿大小猴子。
Zhèshí, Lǐ tiānwáng chéngjī mìng Sìdàtiānwáng qínná dàxiǎo hóuzi.

悟空丢开二郎神来救猴子们，在洞口正撞上梅山六
Wùkōng diūkāi Èrlángshén lái jiù hóuzimen, zài dòngkǒu zhèng zhuàngshàng Méishān liù

兄弟。他们一起挡住悟空："猴头，还不投降！"
xiōngdì. Tāmen yìqǐ dǎngzhù Wùkōng : "Hóutóu, hái bù tóuxiáng!"

悟空慌了手脚，急忙把金箍棒塞进耳朵，摇身变成
Wùkōng huāng le shǒujiǎo, jímáng bǎ jīngūbàng sāijìn ěrduo, yáoshēn biànchéng

一只麻雀，飞到树梢上。六兄弟不见了悟空，大喊：
yì zhī máquè, fēidào shùshāo shang. Liù xiōngdì bú jiàn le Wùkōng, dàhǎn :

"猴精不见了！猴精不见了！"
"Hóujīng bú jiàn le! Hóujīng bú jiàn le!"

他们正在寻找大圣，二郎真君赶到了。他圆睁
Tāmen zhèngzài xúnzhǎo dàshèng, Èrlángzhēnjūn gǎndào le. Tā yuán zhēng

额头上的神眼，仔细一看，认出了悟空变的麻雀，
étóu shang de shényǎn, zǐxì yí kàn, rènchū le Wùkōng biàn de máquè,

立即变成一只老鹰，抖开翅膀，飞去扑打。悟空马
lìjí biànchéng yì zhī lǎoyīng, dǒukāi chìbǎng, fēi qù pūdǎ. Wùkōng mǎ-

上变作一只鸬鹚，朝天上飞去，二郎见了，抖抖羽
shàng biànzuò yì zhī lúcí, cháo tiānshang fēi qù, Èrláng jiàn le, dǒudǒu yǔ-

毛变成一只大海鹤，来啄鸬鹚。悟空立即从空中降
máo biànchéng yì zhī dàhǎihè, lái zhuó lúcí. Wùkōng lìjí cóng kōngzhōng jiàng-

落，变成一条鱼，钻入水里游动。
luò, biànchéng yì tiáo yú, zuānrù shuǐli yóudòng.

이때 이천왕은 그 틈을 이용하여 사대천왕에게 어른이나 아이나 모든 원숭이들을 붙잡으라고 하였다. 오공은 이랑신을 팽개치고 원숭이들을 구하러 왔다가, 동굴 입구에서 매산 여섯 형제와 맞닥뜨렸다. 그들이 함께 오공을 저지하며, "원숭이놈아, 아직도 항복하지 않느냐!"라고 하니, 오공은 어찌할 바를 몰라 당황해했다. 그리고는 급히 여의봉을 귓속으로 밀어 넣고, 몸을 흔들어 참새로 변하더니, 나무 꼭대기로 날아갔다. 여섯 형제는 오공이 보이지 않자, 고함을 질렀다. "원숭이 요괴가 사라졌다! 원숭이 요괴가 사라졌어!"

그들이 한참 대성을 찾고 있을 때, 이랑진군이 서둘러 도착하였다. 그는 이마 위에 있는 비범한 눈을 동그랗게 뜨고 자세히 한번 살펴보다가, 오공이 둔갑한 참새를 발견했다. 그래서 즉시 솔개로 둔갑하여, 날개를 펼쳐 날아올라가 세게 내리쳤다. 오공은 곧바로 가마우지로 둔갑하여 하늘로 치솟아 올라갔고, 이랑은 이를 보더니 날개 깃털을 퍼덕여서 큰 바다 두루미로 변하여 가마우지를 부리로 쪼았다. 오공은 재빨리 공중에서 내려오면서, 물고기로 둔갑하여 물속으로 내리꽂은 뒤 이리저리 헤엄을 쳤다.

丢开 diūkāi 버리다, 그만두다 | **撞** zhuàng 마주치다, 부딪치다 | **慌了手脚** huāng le shǒujiǎo 어찌할 바를 몰라 당황해하다 | **塞进** sāijìn 밀어 넣다 | **麻雀** máquè 참새 | **树梢** shùshāo 나무 꼭대기 | **寻找** xúnzhǎo 찾다 | **圆睁** yuán zhēng 눈을 동그랗게 뜨다 | **额头** étóu 이마 | **老鹰** lǎoyīng 솔개 | **抖开** dǒukāi 털어 펼치다 | **翅膀** chìbǎng (새나 곤충의) 날개 | **扑打** pūdǎ (얇은 물건으로) 세게 내려치다 | **鸬鹚** lúcí 가마우지 | **鹤** hè 두루미, 학 | **啄** zhú 부리로 쪼다 | **降落** jiàngluò 낙하하다 | **钻** zuān (뚫고) 들어가다 | **游动** yóudòng 이리저리 헤엄치다

正游着，忽然看见前面有一只鱼鹰凫在下游水
Zhèng yóu zhe, hūrán kànjiàn qiánmian yǒu yì zhī yúyīng fúzài xiàyóu shuǐ-

面，心想：这一定是二郎神，于是急忙转身，逆水
miàn, xīn xiǎng : Zhè yídìng shì Èrlángshén, yúshì jímáng zhuǎnshēn, nìshuǐ

游去。二郎神见一条鱼打了个水花往回游，知道是
yóu qù. Èrlángshén jiàn yì tiáo yú dǎ le ge shuǐhuā wǎng huí yóu, zhīdào shì

悟空变的，急忙飞过来啄一嘴。悟空马上变成一只
Wùkōng biàn de, jímáng fēi guòlái zhuó yì zuǐ. Wùkōng mǎshàng biànchéng yì zhī

花鸨，二郎不去追赶，现了本相，取下神弓，一弹
huābǎo, Èrláng bú qù zhuīgǎn, xiàn le běnxiàng, qǔ xià shéngōng, yí dàn

打在花鸨翅膀上。悟空顺势滚下山崖，变成一座土
dǎzài huābǎo chìbǎng shang. Wùkōng shùnshì gǔnxià shānyá, biànchéng yí zuò tǔ-

地庙 3，把嘴变作庙门，眼睛变作窗户，身子变作庙
dìmiào, bǎ zuǐ biànzuò miàomén, yǎnjing biànzuò chuānghu, shēnzi biànzuò miào

墙，牙齿变作门扇，舌头变作土地神。只有尾巴不
qiáng, yáchǐ biànzuò ménshàn, shétou biànzuò Tǔdìshén. Zhǐyǒu wěiba bù-

好处理，竖在后面，变作一根旗杆。
hǎo chǔlǐ, shùzài hòumian, biànzuò yì gēn qígān.

　　二郎神追到山崖下，不见了受伤的花鸨，只有
　　Èrlángshén zhuīdào shānyá xià, bú jiàn le shòushāng de huābǎo, zhǐyǒu

一座小庙。仔细一看，旗杆竖在庙后面。"哈哈！
yí zuò xiǎo miào. Zǐxì yí kàn, qígān shùzài miào hòumian. "Hāhā!

哪有旗杆竖在庙后面的，一定是那猴头变的，想骗
Nǎ yǒu qígān shùzài miào hòumian de, yídìng shì nà hóutóu biàn de, xiǎng piàn

我进去，好咬我一口。我先捣你的窗户，再踢你的
wǒ jìnqù, hǎo yǎo wǒ yì kǒu. Wǒ xiān dǎo nǐ de chuānghu, zài tī nǐ de

庙门！"
miàomén!"

막 헤엄치고 있을 때, 문득 앞쪽에 가마우지 한 마리가 강 아래쪽 물위에서 헤엄치고 있는 것을 보고는, 마음속으로 '저것은 분명 이랑신 녀석일 게야'라고 생각하였다. 그래서 황급히 몸을 돌려서, 물을 거슬러 헤엄쳐 갔다. 이랑신은 물고기 한 마리가 물보라를 일으키며 되돌아 헤엄쳐가는 것을 보고는, 오공이 변한 것임을 알아차리고 재빨리 날아와서 부리로 한 번 쪼았다. 오공은 재빨리 너새로 변하였고, 이랑신은 뒤쫓지 않고 원래 모습을 드러낸 채 신궁을 집어 들어 한 방에 너새의 날개를 맞추었다. 오공은 기회를 틈타 벼랑으로 굴러 떨어지더니, 토지신을 모시는 사당으로 둔갑하였다. 입은 사당의 대문으로 변하였고 눈은 창문으로 변하고, 몸은 사당의 벽으로 변하였으며 이빨은 문짝으로 변하고, 혀는 토지신으로 변하였다. 다만 꼬리는 수습하기가 쉽지 않아, 뒤쪽에 곧추세워 깃대로 변하게 하였다.

이랑신이 낭떠러지 아래까지 쫓아가보니, 다친 너새는 보이지 않고, 다만 작은 사당 한 채만 있었다. 자세히 살펴보니, 깃대가 사당 뒤쪽에 세워져 있는 것이었다. "하하! 어디 깃대가 사당의 뒤쪽에 세워져 있더냐. 필시 그 원숭이놈이 둔갑한 것이겠지, 내가 속아서 들어가면 나를 한 입에 깨물어버리려고 하겠지. 내가 먼저 너의 창문을 공격하고, 다시 너의 사당 대문을 발로 걷어차 버려야겠다!"

3 **土地庙** : 중국의 토지신을 모신 사당. 토지신은 토지공(土地公) 또는 토지야(土地爺)라고 불리며, 가정과 마을을 지켜주는 수호신이다.

鱼鹰 yúyīng 가마우지 ｜ 凫 fú 헤엄치다 ｜ 下游 xiàyóu 강 아래쪽 ｜ 逆水 nìshuǐ 흐르는 물을 거스르다 ｜ 水花 shuǐhuā 물보라 ｜ 花鸨 huābǎo 너새 ｜ 追赶 zhuīgǎn 뒤쫓다 ｜ 山崖 shānyá 낭떠러지, 벼랑 ｜ 窗户 chuānghu 창문 ｜ 墙 qiáng 벽, 담 ｜ 牙齿 yáchǐ 이빨 ｜ 门扇 ménshàn 문짝 ｜ 舌头 shétou 혀 ｜ 尾巴 wěiba 꼬리 ｜ 捣 dǎo 공격하다

悟空见他要打自己的眼睛和嘴巴，一个虎跳，
Wùkōng jiàn tā yào dǎ zìjǐ de yǎnjing hé zuǐba, yí ge hǔtiào,

跳到空中不见了。二郎神四处寻找，哪还有大圣的
tiàodào kōngzhōng bú jiàn le. Èrlángshén sìchù xúnzhǎo, nǎ háiyǒu dàshèng de

踪迹。只好请李天王用照妖镜寻找。李天王左照右
zōngjì. Zhǐhǎo qǐng Lǐ tiānwáng yòng zhàoyāojìng xúnzhǎo. Lǐ tiānwáng zuǒ zhào yòu

照，最后说："那猴头朝灌江口去了。"二郎神一听，
zhào, zuìhòu shuō : "Nà hóutóu cháo Guànjiāngkǒu qù le." Èrlángshén yì tīng,

大吃一惊，急忙奔灌江口赶来。原来悟空使了一个
dà chī yì jīng, jímáng bèn Guànjiāngkǒu gǎnlái. Yuánlái Wùkōng shǐ le yí ge

隐身法来到灌江口，变作二郎真君模样来到二郎庙，
yǐnshēnfǎ láidào Guànjiāngkǒu, biànzuò Èrlángzhēnjūn múyàng láidào Èrlángmiào,

庙里的判官 [4] 小鬼把他当做二郎爷爷跪拜起来。
miàoli de pànguān xiǎoguǐ bǎ tā dàngzuò Èrláng yéye guìbài qǐlái.

二郎赶到庙里，见悟空变成自己的样子，举刀
Èrláng gǎndào miàoli, jiàn Wùkōng biànchéng zìjǐ de yàngzi, jǔ dāo

就砍。悟空把脸一抹现出本相，说："别着急，你
jiù kǎn. Wùkōng bǎ liǎn yì mǒ xiànchū běnxiàng, shuō : "Bié zháojí, nǐ

的庙宇已经姓孙了！"二郎神举刀再砍，悟空用棒
de miàoyǔ yǐjing xìng Sūn le!" Èrlángshén jǔ dāo zài kǎn, Wùkōng yòng bàng

接招，两人走走打打，打打走走，又回到了花果山。
jiē zhāo, liǎng rén zǒuzǒu dǎdǎ, dǎdǎ zǒuzǒu, yòu huídào le Huāguǒshān.

再说天宫里，玉帝不见二郎神回报，就同太上
Zàishuō tiāngōng li, Yùdì bú jiàn Èrlángshén huíbào, jiù tóng Tàishàng-

老君 [5] 、观音菩萨、王母娘娘一起，来到南天门观战。
lǎojūn、Guānyīnpúsà、Wángmǔniángniang yìqǐ, láidào Nántiānmén guānzhàn.

오공은 그가 자신의 눈과 입을 공격하려 하는 것을 보고, 두 손을 짚고 몸을 기울여 앞으로 구르고는, 공중으로 뛰어올라 사라졌다. 이랑신은 사방으로 찾았지만, 어디에도 대성의 종적은 없었다. 할 수 없이 이천왕에게 조요경으로 찾아주길 청했다. 이천왕은 왼쪽으로 비추고 오른쪽으로 비추고 하더니, 맨 마지막에 말했다. "그 원숭이놈이 관강 어귀로 갔군요." 이랑신은 이를 듣고는 크게 놀라 서둘러 관강 어귀로 내달려 쫓아갔다. 알고 보니 오공은 은신법을 써서 관강 어귀로 와서는, 이랑신의 모습으로 둔갑하여 이랑신 사당에 온 것이었다. 사당의 판관 저승사자는 그를 이랑신으로 여겨 무릎을 꿇고 엎드려 절을 하기 시작했다.

이랑신이 사당까지 쫓아와, 오공이 자신의 모습으로 둔갑한 것을 보고는 칼을 들어 내리쳤다. 오공은 얼굴을 한 번 문질러 본래의 모습을 드러내면서 말했다. "조급하게 굴지 마, 네 놈의 사당은 이미 손씨의 것이 되어버렸으니까!" 이랑신은 칼을 들어 다시 내려찍었고, 오공은 여의봉으로 맞받아쳤다. 두 사람은 자리를 이리저리 옮기며 싸우기를 반복하면서, 다시 화과산으로 돌아오게 되었다.

한편 천궁에서는, 옥황상제가 이랑신의 보고를 받지 못하자, 태상노군과 관음보살 그리고 서왕모와 함께 남천문에 이르러 싸움을 구경하고 있었다.

4 判官 : (미신, 전설 속의) 염라대왕 수하의 '생사부(生死簿)'를 관장하는 명관(冥官)
5 太上老君 : 춘추시대 무위자연(無爲自然)을 주장한 철학자 이이(李耳)를 말한다. 태어날 때부터 머리가 백발이라 '노자'라고 불리웠다고 한다.

虎跳 hǔtiào 두 손을 짚고 몸을 기울여 앞으로 구르다 ｜ 小鬼 xiǎoguǐ 저승사자 ｜ 抹 mǒ 문지르다
｜ 庙宇 miàoyǔ 사당 ｜ 观战 guānzhàn 싸움을 구경하다

玉帝见双方打得难解难分，不免担忧：“二郎神也胜不了妖猴，怎么办？”太上老君说：“陛下放心，让我助他一臂之力。”说着，捋起衣袖，从左臂上取下一个圈子，说：“此圈名叫‘金刚琢’，变化多端，水火不侵，看我打他一下。”说完，把金刚琢向下一抛。那宝贝直接朝孙悟空落下去，正打在他头上。悟空正在交战，没有防备，被天上的暗器重重打了一下，一时站立不稳，跌了一跤，才要爬起来，被二郎神的啸天犬死死咬住小腿不放。二郎神趁机按住悟空，拿绳索捆绑了，押回天宫。

大圣被众天兵押到斩妖台，绑在降妖柱上，刀砍斧剁，枪刺剑劈，一点儿也伤害不着悟空的身体。火部众神放火烧，雷部众神用雷电劈，仍然伤害不了悟空的一根毫毛。

옥황상제는 양쪽이 한 치의 양보도 없이 싸우는 것을 보고, 걱정스러웠다. "이 랑신 역시 요망한 원숭이를 이길 수 없으니, 어찌하면 좋겠소?" 태상노군이 말했다. "폐하, 걱정하지 마십시오. 제가 보잘것없는 힘이라도 보태게 해 주십시요." 그러면서 소매를 걷어 올리고, 왼쪽 팔에서 팔찌 하나를 빼내며 말했다. "이 팔찌는 '금강탁'이라고 하는데, 다양하게 변하고 물과 불에도 손상되지 않으니, 제가 그를 맞추는 것을 보십시요." 말을 마치고는 아래쪽을 향해 금강탁을 던졌다. 그 보물은 곧바로 손오공을 향해 떨어져서는, 정확하게 그의 머리를 맞추었다. 오공은 마침 서로 싸움을 하고 있던 터라, 대비를 하지 못하고 하늘에서 날라 온 무기에 아주 세게 얻어맞았다. 순간적으로 제대로 서있지 못하고 넘어졌다가 겨우 기어서 일어나려 하는데, 이랑신의 소천견이 필사적으로 아랫다리를 물고 놓아주지 않았다. 이랑신은 이 틈을 타서 오공을 붙잡고는, 밧줄을 꺼내 포박하여 천궁으로 끌고 갔다.

대성은 천병들에 의해 참요대로 끌려가 항요주에 묶여, 칼로 잘리고 도끼로 쪼개고 창으로 찔리고 검으로 베였지만, 오공의 몸은 조금도 상처를 입지 않았다. 화부의 많은 신들이 불을 놓아 태워 없애려고 하고, 뇌부의 많은 신들이 벼락을 이용하여 쪼개려 하였지만, 여전이 오공의 털끝 하나 상처를 입히지 못하였다.

难解难分 nán jiě nán fēn 서로 맞붙어서 양보하지 않다 ┃ **担忧** dānyōu 걱정하다. 근심하다 ┃ **陛下** bìxià 폐하 ┃ **放心** fàngxīn 마음을 놓다. 안심하다 ┃ **一臂之力** yí bì zhī lì 보잘것없는 힘 ┃ **捋** luō (소매 따위를) 걷다 ┃ **圈子** quānzi 둥근 모양의 것 ┃ **多端** duōduān 다양하다 ┃ **侵** qīn 침범하다. 손상되다 ┃ **抛** pāo 던지다 ┃ **防备** fángbèi 대비하다 ┃ **暗器** ànqì 암살 무기 ┃ **站立** zhànlì 일어서다 ┃ **跌** diē (발이 걸려) 넘어지다 ┃ **捆绑** kǔnbǎng (사람을) 줄로 묶다

众神启奏玉帝："这妖猴有护身法术，我们拿
他没有办法。"玉帝也不知道怎么办好。太上老君
说："这妖猴吃了蟠桃，喝了仙酒，又吞了我的金丹，
已经炼成了金刚不坏之身，所以刀枪不入，雷火难
伤。我看，不如把他放到我的八卦[6]炉中，用文火武
火锻炼，等炼出我的丹来，他自然就化成灰烬了。"

玉帝说："好！"

太上老君把悟空带回来，解去绳索，推入八卦
炉中。这八卦炉是按照干、坎、艮、震、巽、离、坤、
兑八宫造成。孙悟空进了炉子，就选了"巽宫"蹲
下来。他知道"巽"属"风"，是炉子的风道，有
风就没有火。可是风卷起烟，把他的一双眼睛熏红
了，让孙悟空变成了"火眼金睛"。

신들이 옥황상제에게 아뢰었다. "이 요망한 원숭이놈에게는 호신술이 있어, 저희들은 그를 어떻게 할 방법이 없습니다." 옥황상제 또한 어찌하여야 좋을지 몰랐다. 태상노군이 말했다. "이 요망한 원숭이 녀석은 선도를 먹고 신선주를 마시고 또한 저의 금단을 삼켰으니, 이미 강철 같이 다치지 않는 몸이 되었습니다. 그래서 칼과 창이 들어가지 않고, 벼락과 불로 상처를 내기 어려운 것입니다. 제가 보기에는, 그 녀석을 저의 팔괘로에 넣어 약한 불과 센 불로 단련하여, 제 금단이 정제되어 나올 때쯤이면, 그는 자연스레 재가 되어 있을 것입니다." 옥황상제가 "좋다!"고 말했다.

태상노군은 오공을 데리고 돌아와, 밧줄을 풀어주고 팔괘로 속으로 밀어 넣었다. 이 팔괘로는 건·감·간·진·손·이·곤·태의 팔궁에 따라 만들어져 있었다. 손오공은 화로 속으로 들어가서, 곧바로 '손궁' 자리를 택해 쪼그리고 앉았다. 그는 '손'이 '바람'에 속하고 화로의 통풍로여서, 바람이 있는 곳엔 불이 없다는 것을 알고 있었다. 다만 바람이 연기를 휘말아 올려 그의 두 눈이 연기에 그을려 벌겋게 되었지만, 손오공으로 하여금 진짜와 가짜를 식별할 수 있는 눈인 '화안금정'으로 변하게 하였다.

> **6 八卦** : 건(乾)·감(坎)·간(艮)·진(震)·손(巽)·이(離)·곤(坤)·태(兌)를 말한다. 괘(卦)는 걸어 놓는다는 괘(掛)와 통하여, 천지만물의 형상을 걸어 놓아 사람에게 보인다는 뜻이다.

吞 tūn (통째로) 삼키다 | 文火 wénhuǒ 약한 불 | 武火 wǔhuǒ 센 불 | 锻炼 duànliàn 단련하다 | 灰烬 huījìn 재 | 绳索 shéngsuǒ 밧줄, 새끼 | 蹲 dūn 쪼그리고 앉다 | 风道 fēngdào 통풍로 | 卷 juǎn 휘말다 | 熏 xūn 그을다 | 火眼金睛 huǒyǎn jīnjīng 진짜와 가짜를 식별할 수 있는 눈

过了七七四十九天，老君觉得火候到了，就开炉取丹。八卦炉一开，悟空正蹲在那里揉眼睛，看见亮光，一个筋斗跳出来，"哗啦"一声，蹬倒了八卦炉。老君上来抓悟空，被悟空一甩胳膊，摔了一个倒栽葱。

悟空出来后，从耳朵里取出金箍棒，晃一晃变成碗口粗细。他抡起金箍棒一通痛打，打得九曜星关门闭户，四大天王无影无踪。天兵天将都知道悟空的厉害，没有人敢来阻拦他，他一直打到灵霄宝殿前，要找玉帝算账。幸亏王灵官值班，举起金鞭抵挡，又有三十六员雷将赶来把悟空围在中间，奋力厮杀。悟空打得高兴，摇身变成三头六臂，六只手使三条棒。众天将节节败退，眼看就要打进灵霄宝殿。

일주일이 일곱 번 겹쳐 사십구 일이 지나자, 노군은 불의 온도가 단약을 단련하기에 알맞게 되었다고 생각하여 화로를 열고 금단을 꺼냈다. 팔괘로를 열자, 오공은 막 그곳에 쪼그리고 앉아 눈을 비비고 있었다. 그러다가 환한 빛을 보게 되자 근두운을 타고 튀어 나오며, "쨍그랑" 소리를 내며 팔괘로를 밟아 넘어뜨렸다. 노군은 위로 올라와 오공을 붙잡았는데, 오공이 팔을 한 번 뿌리치자 거꾸로 심어놓은 파처럼 맥없이 넘어졌다.

오공은 나온 뒤에, 귓속에서 여의봉을 꺼내 가볍게 흔들자 사발 주둥이 두께만하게 변하였다. 그는 여의봉을 휘두르며 한 차례 호되게 두들겨 부수었는데, 구요성이 문을 걸어 잠그고 사대천왕이 종적을 감출 정도로 때려 부수었다. 천병과 천군의 장수들은 모두 오공의 실력이 대단함을 알기에 아무도 감히 나서서 그를 제지하지 못하였다. 오공은 계속 때려 부수며 영소보전 앞까지 와서, 옥황상제를 찾아 끝장을 보려 하였다. 다행히도 왕령관이 당직을 서다가 황금 채찍을 들어 가로막았고, 또 서른여섯 명의 우레 장수들이 쫓아와 오공을 가운데 두고 에워싸서, 힘을 다해 싸웠다. 오공은 신나게 싸우다가, 몸을 흔들어 머리 셋에 팔 여섯의 몸으로 변하고는, 여섯 개의 손으로 세 개의 여의봉을 사용하였다. 뭇 천군의 장수들이 차례차례 패하여 물러나자, 이제 영소보전으로 쳐들어가려고 하였다.

大闹五行山

06

火候 huǒhou 옛날 도교에서 단약을 만들 때 알맞은 불의 정도 ┃ 揉 róu (손으로) 비비다 ┃ 胳膊 gēbo 팔 ┃ 摔 shuāi (균형을 잃고) 넘어지다 ┃ 倒栽葱 dàozāicōng 거꾸로 넘어져있는 모양 ┃ 一通 yítòng 한 차례, 한 바탕 ┃ 痛打 tòngdǎ 호되게 두들겨 패다 ┃ 无影无踪 wú yǐng wú zōng 자취를(종적을) 감추다 ┃ 算帐 suànzhàng 결판을 내다, 끝장을 보다 ┃ 幸亏 xìngkuī 다행히, 운 좋게 ┃ 鞭 biān 채찍 ┃ 奋力 fènlì 힘을 내다 ┃ 厮杀 sīshā 싸우다 ┃ 节节 jiéjié 하나하나, 차례차례

139

悟空一边打一边喊：“快快告诉玉帝老儿，乖
Wùkōng yìbiān dǎ yìbiān hǎn : "Kuàikuài gàosu Yùdì lǎor, guāi-

乖地把天宫让给俺老孙，要不，让他天宫永远不得
guāi de bǎ tiāngōng rànggěi ǎn lǎo Sūn, yàobù, ràng tā tiāngōng yǒngyuǎn bùdé

安宁!”玉帝见状，赶快传旨，派人去西方请佛祖。
ānníng!" Yùdì jiàn zhuàng, gǎnkuài chuánzhǐ, pài rén qù Xīfāng qǐng fózǔ.

如来急忙带了阿傩 [7]、迦叶 [8] 两位尊者，驾起祥云，直
Rúlái jímáng dài le Ānuó、Jiāyè liǎng wèi zūnzhě, jiàqǐ xiángyún, zhí

奔灵霄宝殿。如来传旨，命众天将退下，叫大圣上
bèn Língxiāobǎodiàn. Rúlái chuánzhǐ, mìng zhòng tiānjiàng tuìxià, jiào dàshèng shàng-

前答话。大圣气昂昂地来到佛祖近前，高声问：“你
qián dáhuà. Dàshèng qì'áng'áng de láidào fózǔ jìnqián, gāoshēng wèn : "Nǐ

是什么人，也来管这闲事?”如来笑笑说：“我是
shì shénme rén, yě lái guǎn zhè xiánshì?" Rúlái xiàoxiào shuō : "Wǒ shì

西方极乐世界释迦牟尼尊者。我想问问你，你有何
Xīfāng jílèshìjiè Shìjiāmóuní zūnzhě. Wǒ xiǎng wènwèn nǐ, nǐ yǒu hé

德何能，要强占天宫?”悟空说：“我是天地生成
dé hé néng, yào qiángzhàn tiāngōng?" Wùkōng shuō : "Wǒ shì tiāndì shēngchéng

的石猴，修成了长生不老的仙体,会七十二般变化。”
de shí hóu, xiūchéng le chángshēng bù lǎo de xiāntǐ, huì qīshí'èr bān biànhuà."

如来又笑笑：“玉帝苦修一千七百五十劫，比你道
Rúlái yòu xiàoxiào : "Yùdì kǔxiū yìqiān qībǎi wǔshí jié, bǐ nǐ dào-

行大多了，你一个猴子，才有一点点道行，就想强
héng dà duō le, nǐ yí ge hóuzi, cái yǒu yìdiǎndiǎn dàohéng, jiù xiǎng qiáng-

占天宫，太自不量力了。你除了长生和七十二变，
zhàn tiāngōng, tài zì bú liàng lì le. Nǐ chú le chángshēng hé qīshí'èr biàn,

还有什么本领?”
háiyǒu shénme běnlǐng?"

　　오공은 공격하면서 소리를 질렀다. "당장 옥황상제 늙은이에게 순순히 천궁을 이 손오공님께 넘겨야지, 그렇지 않으면 그의 천궁은 영원히 편안하지 못할 거라고 알려라!" 옥황상제는 상황을 보고는, 다급히 교지를 내려 사람을 파견하여 서방으로 가서 석가여래를 모셔오도록 하였다. 여래는 급히 아난과 가섭 두 존자를 데리고, 상서로운 구름을 타고 곧장 영소보전으로 달려왔다. 석가여래는 교지를 내려 뭇 천군의 장수들을 물러나게 하고는, 대성에게 앞으로 나와 대답하도록 하였다. 대성은 기세당당하게 석가여래 앞으로 와서는, 큰소리로 물었다. "너는 뭐 하는 놈이기에, 와서 남의 일에 간섭을 하는 것이냐?" 여래는 웃으며 말했다. "나는 서방 극락세계의 석가모니 존자이다. 내가 그대에게 좀 물어보려 하는데, 그대는 무슨 덕망과 무슨 재주가 있기에, 무력으로 천궁을 점령하려 하느냐?" 오공이 말했다. "나는 하늘과 땅이 낳아 기른 돌 원숭이로, 수련하여 불로장생의 늙지 않는 신선의 몸이 되었고, 일흔 두 가지로 둔갑을 할 수 있다." 여래는 거듭 웃었다. "옥황상제께서는 천칠백오십 겁이나 고행을 하셨고 너보다 도력도 훨씬 깊으시다. 너는 일개 원숭이로, 겨우 아주 조금의 도력이 있다고 천궁을 무력으로 차지하려 하는데, 너무 주제파악을 하지 못하는구나. 너는 장생불로와 일흔 두 가지 둔갑 말고, 또 무슨 재주가 있느냐?"

　　7 阿傩 : 아난다문제일(阿儺多聞第一)의 준말. 부처의 10대 제자 중 한 명으로, '널리 듣고 많이 알고 많은 가르침을 잘 배운 으뜸'이란 뜻이다.
　　8 迦叶 : 카시아파(迦葉波)의 음역으로 '빛을 마신다'는 뜻이다. 석가모니의 다섯 가섭 중 흔히 마하 가섭(摩訶 迦葉)을 일컫는다.

尊者 zūnzhě 존자 (중에 대한 존칭) ｜ **气昂昂** qì'áng'áng 기세당당하다 ｜ **闲事** xiánshì 남의 일 ｜ **极乐世界** jílèshìjiè 극락세계 ｜ **苦修** kǔxiū 고행하다 ｜ **劫** jié 겁 (대단히 긴 시간) ｜ **道行** dào héng 승려, 도사가 수도한 도력(道力) ｜ **强占** qiángzhàn 무력으로 점령하다 ｜ **自不量力** zì bú liàng lì 주제파악 못하다

悟空说：“多着呢！我的筋斗云，一纵有十万
Wùkōng shuō : "Duō zhe ne! Wǒ de jīndǒuyún, yí zòng yǒu shíwàn

八千里，怎么坐不得天宫？”如来说：“悟空，我
bāqiān lǐ, zěnme zuò bude tiāngōng?" Rúlái shuō : "Wùkōng, wǒ

和你打个赌，你要是能一个筋斗翻出我的手掌，我
hé nǐ dǎ ge dǔ, nǐ yàoshi néng yí ge jīndǒu fānchū wǒ de shǒuzhǎng, wǒ

就做主把天宫让给你。你要是翻不出我的手掌，还
jiù zuò zhǔ bǎ tiāngōng rànggěi nǐ. Nǐ yàoshi fān bù chū wǒ de shǒuzhǎng, hái-

是回到凡间做你的妖猴，怎么样？”
shì huídào fánjiān zuò nǐ de yāo hóu, zěnmeyàng?"

悟空听了，心里暗暗发笑：“这佛祖真呆，我
Wùkōng tīng le, xīnli ànàn fāxiào : "Zhè fózǔ zhēn dāi, wǒ

老孙一个筋斗十万八千里，你那手掌方圆不过一尺，
lǎo Sūn yí ge jīndǒu shíwàn bāqiān lǐ, nǐ nà shǒuzhǎng fāngyuán bú guò yì chǐ,

怎么会跳不出去？”他问如来：“既然这样说，你
zěnme huì tiào bu chūqù?" Tā wèn Rúlái : "Jìrán zhèyàng shuō, nǐ

真的做得了主？”佛祖回答：“做得，做得！”佛
zhēnde zuò de liǎo zhǔ?" Fózǔ huídá : "Zuò de, zuò de!" Fó-

祖伸开右手，大圣收了金箍棒，纵身跳到如来的手
zǔ shēnkāi yòushǒu, dàshèng shōu le jīngūbàng, zòngshēn tiàodào Rúlái de shǒu-

心里，叫道：“俺去也！”他抖擞精神，一口气翻
xīn li, jiàodào : "Ǎn qù yě!" Tā dǒusǒu jīngshén, yìkǒuqì fān

了十几个筋斗，收住筋斗一看，眼前有五根肉红色
le shí jǐ ge jīndǒu, shōuzhù jīndǒu yí kàn, yǎnqián yǒu wǔ gēn ròuhóngsè

的柱子，上面青烟缭绕。
de zhùzi, shàngmian qīngyān liáorào.

오공이 말했다. "얼마든지 있지! 나의 근두운은 앞으로 십만팔천 리를 날아가는데, 어찌 천궁을 차지할 수 없단 말이냐?" 여래가 말했다. "오공아, 나와 내기를 하여, 네가 만약 근두운으로 나의 손바닥을 빠져나갈 수 있다면, 내가 나서서 천궁을 네게 넘겨주겠다. 네가 만약에 나의 손바닥을 벗어나지 못한다면, 다시 속세로 돌아가 요망한 원숭이가 되는 것이다, 어떠하냐?"

오공은 이를 듣고 마음속으로 몰래 웃었다. '이 석가여래는 정말 멍청하군, 나 이 손오공님의 근두운은 십만팔천 리를 날아가고, 당신 손바닥은 둘레가 한 척도 안 되는데 어찌 빠져나가지 못하겠소?' 그는 여래에게 물었다. "기왕에 이렇게 말했으니, 당신은 정말로 나서서 넘겨주겠소?" 석가여래가 대답하였다. "할 수 있지, 할 수 있어!" 석가여래가 오른손을 펴자, 대성은 여의봉을 거두고 몸을 훌쩍 솟구쳐 석가여래의 손바닥으로 뛰어들고는 소리쳤다. "나 간다아!" 그는 정신을 가다듬고, 단숨에 십여 개의 근두운을 바꿔 타고 날아가서 근두운을 거두고 살펴보니, 눈앞에 살색 기둥 다섯 개가 있고 위쪽에는 푸른 연기가 맴돌았다.

打赌 dǎ dǔ 내기를 하다 ｜ **手掌** shǒuzhǎng 손바닥 ｜ **做主** zuò zhǔ 주관자가 되다 ｜ **发笑** fāxiào 웃다 ｜ **呆** dāi (머리가) 둔하다, 멍청하다 ｜ **做得了** zuò de liǎo 해낼 수 있다 ｜ **伸开** shēnkāi (손 따위를) 펴다, 벌리다 ｜ **手心** shǒu xīn 손바닥, 손아귀 ｜ **也** yě 판단, 결정의 어기를 표시 ｜ **抖擞** dǒusǒu (정신을) 가다듬다 ｜ **肉红色** ròuhóngsè 살색 ｜ **柱子** zhùzi 기둥

他想："这里已经是天边了。这回，灵霄宝殿
Tā xiǎng : "Zhèlǐ yǐjing shì tiānbiān le. Zhè huí, Língxiāobǎodiàn

俺老孙是坐定了。"接着又一想："我到了天边，也
ǎn lǎo Sūn shì zuòdìng le." Jiēzhe yòu yì xiǎng : "Wǒ dào le tiānbiān, yě

得留个记号，免得佛祖和玉帝赖账。"想到这儿，
děi liú ge jìhao, miǎnde fózǔ hé Yùdì làizhàng." Xiǎngdào zhèr,

他拔一根毫毛变成一支毛笔，在中间那根写下一行
tā bá yì gēn háomáo biànchéng yì zhī máobǐ, zài zhōngjiān nà gēn xiěxià yì háng

大字："齐天大圣，到此一游。"又在第一根柱子底
dàzì : "Qítiān dàshèng, dàocǐ yì yóu." Yòu zài dì yì gēn zhùzi dǐ-

下撒了一泡尿。做完这些，他才翻筋斗回到如来掌
xià sā le yí pàoniào. Zuòwán zhèxiē, tā cái fān jīndǒu huídào Rúlái zhǎng-

心里，说："我从天边回来了，快叫玉帝老儿让位
xīn li, shuō : "Wǒ cóng tiānbiān huílái le, kuài jiào Yùdì lǎor ràngwèi

给我！"
gěi wǒ!"

　　그는 생각했다. '여기가 벌써 하늘 끝인가 보군. 이번에 영소보전은 이 손오공
님의 차지가 되는 거로군.' 계속해서 또 생각했다. '내가 하늘 끝까지 왔는데 표시
라도 남겨두어, 석가여래와 옥황상제가 트집을 잡아 약속을 부인하지 못하도록
해야겠다.' 여기까지 생각하고, 그는 털 한 가닥을 뽑아 붓으로 변하게 하여, 중간
에 있는 기둥에 큰 글씨로, '제천대성, 이곳에서 노닐도다.'라고 한 줄 썼다. 또 첫
번째 기둥 아래에다가 오줌을 한 차례 찍 갈겨댔다. 이러한 일들을 마치고, 그제
서야 그는 근두운을 갈아타고 여래의 손바닥으로 돌아와 말했다. "내 하늘 끝에서
부터 돌아왔으니, 어서 옥황상제 늙은이더러 내게 자리를 내주라고 하시지!"

记号 jìhao 기호, 표시 ┃ 赖账 làizhàng 트집을 잡아 빚을 떼먹다. 부인하다 ┃ 撒 sā 뿌리다 ┃ 尿
niào 오줌 ┃ 让位 ràngwèi 자리를 내어주다

齐天大圣
到此一游

如来骂道："你这个尿精猴头！你从来没离开
Rúlái mà dào : "Nǐ zhè ge niào jīng hóutóu! Nǐ cónglái méi líkāi

过我的手掌！"大圣说："我到了天尽头，看见五
guo wǒ de shǒuzhǎng!" Dàshèng shuō : "Wǒ dào le tiān jìntóu, kànjiàn wǔ

根肉红柱子，我还留了记号在那里，不信你随我一
gēn ròuhóng zhùzi, wǒ hái liú le jìhao zài nàli, bú xìn nǐ suí wǒ yì-

起去看看！"如来说："用不着去看，你自己低头
qǐ qù kànkan!" Rúlái shuō : "Yòngbuzháo qù kàn, nǐ zìjǐ dītóu

看看就知道了。"悟空低头一看，原来佛祖右手的
kànkan jiù zhīdào le." Wùkōng dītóu yí kàn, yuánlái fózǔ yòushǒu de

中指上写着"齐天大圣，到此一游。"拇指缝里，
zhōngzhǐ shang xiě zhe "Qítiān dàshèng, dàocǐ yì yóu." Mǔzhǐ fèng li,

还有猴尿的臊气。悟空大吃一惊："哪有这种事，
háiyǒu hóu niào de sāoqì. Wùkōng dà chī yì jīng : "Nǎ yǒu zhè zhǒng shì,

不信！不信！让我再去看看！"
bú xìn! bú xìn! ràng wǒ zài qù kànkan!"

悟空纵身要走，被佛祖一翻掌，把他扣在手掌
Wùkōng zòngshēn yào zǒu, bèi fózǔ yì fān zhǎng, bǎ tā kòuzài shǒuzhǎng

下面，立即推出西门外，将五指化做一座五行山，
xiàmian, lìjí tuīchū Xīmén wài, jiāng wǔ zhǐ huàzuò yí zuò Wǔxíngshān,

把悟空压在山下面，只露出一个猴头。然后从袖子
bǎ Wùkōng yāzài shān xiàmian, zhǐ lòuchū yí ge hóutóu. Ránhòu cóng xiùzi

里取出一张帖子，上写"唵嘛呢叭咪吽"9六个金字咒
li qǔchū yì zhāng tiězi, shàng xiě "wēngmǎníbāmīhōng" liù ge jīnzì zhòu-

语，让阿傩贴在五行山上。那孙悟空再有本事，也
yǔ, ràng Ānuó tiēzài Wǔxíngshān shang. Nà Sūn Wùkōng zài yǒu běnshì, yě

根本出不来。
gēnběn chū bu lái.

여래가 꾸짖으며 말했다. "네 이 오줌싸개 원숭이놈아! 너는 한 번도 내 손바닥을 벗어난 적이 없어!" 대성이 말했다. "나는 하늘 끝까지 가봤다구, 살색 기둥 다섯 개가 보였고, 나는 거기다 표시까지 남겨두었는데, 믿지 못하겠으면 당신이 나랑 함께 가서 보면 되잖소!" 여래가 말했다. "가서 볼 필요도 없다. 네 스스로 고개를 숙여 보면 알게 될 것이다." 오공이 고개를 숙여 살펴보니, 웬걸 석가여래 오른손 중지손가락에 '제천대성, 이곳에서 노닐도다.'라고 씌어 있었다. 그리고 엄지손가락 사이에는 아직도 원숭이의 오줌 지린내가 남아 있었다. 오공은 깜짝 놀랐다. "어떻게 이런 일이, 못 믿겠어! 못 믿어! 내가 다시 가서 보겠어!"

오공이 몸을 훌쩍 솟구쳐 가려고 하자, 석가여래가 손바닥을 한 번 뒤집어 그를 손바닥 아래에 걸고는, 곧바로 서문 밖으로 내놓았다. 그리고는 다섯 손가락으로 오행산을 만들어 오공을 산 아래에 가두고는, 다만 원숭이 머리만 내밀 수 있도록 하였다. 그리고 소매 속에서 부적 한 장을 꺼내고는, 위에 '옹, 마, 니, 팔, 메, 홈' 여섯 금박 글씨로 주문을 쓴 뒤, 아난에게 오행산에 붙여두라고 하였다. 손오공은 제아무리 재주가 있다하더라도, 절대로 나올 수 없게 되었다.

9 唵嘛呢叭咪吽 : 불교 용어로, '오! 연화 위의 마니주여!'라는 뜻이다. 마니주(摩尼珠)는 악을 떨치고 재난을 피하는 능력이 있는 구슬을 말하며, 원 발음은 '옴·마·니·반·메·홈'에 가깝다.

骂 mà 질책하다, 꾸짖다 | 尽头 jìntóu 끝 | 缝 fèng 사이, 틈 | 臊气 sāoqì 지린내 | 露出 lòuchū 드러내다, 노출시키다 | 袖子 xiùzi 소매 | 帖子 tiězi 쪽지, 문서 (여기서는 부적을 의미함) | 咒语 zhòuyǔ 전혀, 아예

1 본문을 읽고 다음 물음에 답하시오.

(1) "神出鬼没"之意为何?

    A. 比喻灾祸接连而来

    B. 形容建筑的高超技艺

    C. 比喻行动迅速，变化莫测

(2) 二郎真君和孙悟空双方交战时，孙悟空变成过什么动物?

    A. 鸬鹚   B. 老鹰   C. 大海鹤

(3) 孙悟空之所以炼成金刚不坏之身，其原因不包含下列何者?

    A. 吃了蟠桃   B. 喝了仙酒   C. 吞了银丹

2 다음 문장을 자연스러운 우리말로 옮기시오.

(1) 只有尾巴不好处理，竖在后面，变作一根旗杆。

    ➡

(2) 你这个尿精猴头! 你从来没离开过我的手掌!

    ➡

3 **녹음을 듣고 빈칸에 들어갈 말을 써 넣으시오.**

⑴ 这次和悟空可是(　　　　　　)，一口气杀了三百回合，只杀得

　　(　　　　　　)，地动山摇。

⑵ 天兵天将都知道悟空的(　　　　)，没有人敢来阻拦他，他一直打

　　到灵霄宝殿前，要找玉帝(　　　　)。

⑶ 我到了天边，也得留个(　　　　)，免得佛祖和玉帝(　　　　)。

4 **다음 문장을 자연스러운 중국어로 옮기시오.**

⑴ 제가 아마 원숭이놈과 둔갑을 하여 승부를 겨루어야만, 비로소 승
리를 얻을 수 있을 것 같군요.

➡

⑵ 기왕에 이렇게 말했으니, 당신은 정말 나서서 처리할 수 있겠소?

➡

1 (1) A   (2) A   (3) C

2 (1) 반고가 하늘과 땅을 연 이래, 이 신비한 돌은 해와 달의 광채를 받고 영험한 기운이 생겼다.

(2) 얼핏 보니, 그 폭포는 절벽에서 흘러내려, 물안개와 물보라가 튀어 오르는 것이 장관을 이루었다.

3 (1) 敏捷, 聪明   (2) 灰心, 寻访

(3) 端端正正, 侍立

4 (1) 虽然现在过得快活, 可我为以后担忧。

(2) 没有父母, 莫非你是土里生的, 树上结的?

1 (1) C   (2) C   (3) A

2 (1) 그가 아래를 내려다보니, 그곳엔 수천수만의 집이 있었고, 사람들이 왕래하며 물건을 사고 팔며 장사를 하는 것이 활기가 넘쳐나고 있었다.

(2) 당신께서는 그가 쓸 수 있는지 없는지를 따지고 계시는데, 그는 무거운 것을 요구하고 있지 않습니까! 우리는 그것을 가져다가 저 사람만 내쫓으면 되지 않겠어요?

3 (1) 布阵, 像模像样   (2) 一路, 胆战心惊

(3) 天生地成, 招安

4 (1) 小事一桩, 用不着感谢。

(2) 这石猴虽然在龙宫无礼借宝, 但也没有行凶反叛的罪行。

1 (1) B   (2) C   (3) A

2 (1) 허둥댈 필요 없다. 나의 갑옷을 가지고 오너라. 어느 놈이 감히 내 화과산의 풀 한 포기 나무 한 그루를 망가뜨리는지 두고 보겠다.

(2) 첫 번째 싸움에서 너는 우리 군대의 사기를 꺾어버렸다. 여봐라, 저놈을 내 앞에서 끌어내어 베어버려라!

3 (1) 清点, 一心一意　　(2) 收降, 粉身碎骨

　　(3) 高低深浅, 空衔

4 (1) 我就做个齐天大圣，看他玉帝老儿能把我怎么样！

　　(2) 以后安心做官，再不要胡闹了。

<table>
<tr><td>

[실력 다지기 4]
P120

</td><td>

1 (1) C　　　　　　　(2) A　　　　　　　(3) A

2 (1) 원숭이는 선천적으로 복숭아 먹는 것을 좋아하는지라, 오공은 잘 익은 복숭아를 바라보면서, 게걸스럽게 군침을 줄줄 흘렸다.

　　(2) 내가 오늘 좀 피곤하여 졸음이 오는군. 여러분은 먼저 물러가시오, 나는 이 정자에서 잠시 선잠이나 자야겠소.

3 (1) 可口, 痛饮　　(2) 俘虏, 损兵折将

　　(3) 惊慌, 增援

4 (1) 哪知悟空正睡在这树枝上，被仙女惊醒。

　　(2) 鸟毛神，敢上门欺负俺，实在不能容忍！

</td></tr>
</table>

<table>
<tr><td>

[실력 다지기 5]
P148

</td><td>

1 (1) C　　　　　　　(2) A　　　　　　　(3) C

2 (1) 다만 꼬리는 수습하기가 쉽지 않아, 뒤쪽에 곧추세워 깃대로 변하게 하였다.

　　(2) 네 이 오줌싸개 원숭이놈아! 너는 한 번도 내 손바닥을 벗어난 적이 없어!

3 (1) 棋逢对手, 天昏地暗

　　(2) 厉害, 算账

　　(3) 记号, 赖账

4 (1) 我恐怕要和猴头赌赌变化才能取胜。

　　(2) 既然这样说，你真的做得了主？

</td></tr>
</table>

다락원 중한고전대역 7

서유기 上

원작 오승은
개작 염보화
편역 김홍겸
펴낸이 정규도
펴낸곳 (주)다락원

초판 1쇄 발행 2007년 9월 1일
초판 2쇄 발행 2021년 4월 5일

기획·편집 최준희·길노을
디자인 임서영·공혜경

다락원 경기도 파주시 문발로 211
전화 (02)736-2031(내선 250~252/내선 430~439)
팩스 (02)732-2037
출판등록 1977년 9월 16일 제406-2008-000007호

ISBN   978-89-5995-565-7   18720
       978-89-5995-544-2   (세트)

---

www.darakwon.co.kr
다락원 홈페이지를 방문하시면 상세한 출판 정보와 함께 동영상 강좌,
MP3 자료 등 다양한 어학 정보를 얻으실 수 있습니다.